Schläft ein Lied in allen Dingen

Gregor Dotzauer

Schläft ein Lied in allen Dingen

Über Musik, Moment und Erinnerung

Matthes & Seitz Berlin

1

Am frühen Abend, wenn ich noch einmal aufbreche, um mir die innere Unruhe aus den Beinen zu laufen, erwacht das Viertel, in dem ich lebe, zu einem riesigen Wandelkonzert. In den Straßen ringsum ebbt der Verkehrslärm ab, das Rauschen der Autobahn weicht einem Summen, und in der hereinbrechenden Dämmerung verblassen die Umrisse der vertrauten Stadt zugunsten einer ganz anderen, einer akustischen Ordnung. Ich weiß inzwischen genau, in welchen Stockwerken Klaviere wohnen und in welchen Kellern Schlagzeuge ihr Dasein fristen, ich kenne die Geigen und die Blockflöten. Auch sonst gibt es auf meinem Parcours zwischen den letzten Bierkneipen, aus denen noch deutscher Schlager weht, und den Shishabars, die Gangsta-Rap auf den Gehsteig pumpen, kaum etwas, das es nicht gibt: eine Akkordeonschule, einen Konzertsaal für Alte Musik und einen Jazzclub, der hinter aquariumsartigen Fenstern allwöchentlich zu Jamsessions einlädt.

Ich muss nicht wissen, wer zwei Häuser weiter hinter der freudlos verstolperten, mit zusammengebissenen Zähnen erkämpften Durchquerung der ewig gleichen Klavieretüden steckt, aus der nie ein lebendiges Stück Musik wachsen wird. Auch das kleine Metal-Gewitter, das sommers wie winters aus einem Fabrikloft weiter unten immer wieder einmal niedergeht, genügt mir als Erscheinung am Horizont. Ich habe mich in die Stärken und Schwächen all dieser Unbekannten so eingehört, dass ich mir einbilde, ihnen im Zweifel auf den Kopf zusagen zu können, wer sie sind, falls ich ihnen jemals von Angesicht zu Angesicht begegne.

Inmitten der verwirrenden Vielfalt vermisse ich nur die philippinische Karaokebar, in der ich später am Abend auf ein Glas Wein eine fremde Welt betreten konnte. In dem Souterrainlokal war ich unverkennbar ein Eindringling. Doch das halbe Dutzend

Male, in denen ich dort aus meinem gewohnten Leben heraustrat, bevor die Bar ohne Vorwarnung verschwand, fühlte ich mich immer willkommen. Ich verstand kein Wort von dem, was die meist nicht mehr ganz jungen Frauen auf Tagalog anstimmten, während ihre deutschen Männer über einem Bier in der Ecke brüteten. Die Inbrunst, mit der sie die Klischees einer internationalen Popmusik bedienten, die sie einmal um die halbe Welt getragen hatten, machte mich auf Anhieb zum Bruder ihrer Sentimentalität.

Die weißen Flecken auf meiner Karte sind mir bei alledem schmerzhaft bewusst. Ich weiß, dass die jahreszeitlich wechselnde Beute meiner Streifzüge viel zu sehr von gekippten Fenstern und geöffneten Balkontüren abhängt. Und so begann ich, nachdem alles Unüberhörbare wie die Kirchen mit ihren Orgeln und Geläuten eingetragen war, mehr und mehr davon zu träumen, auch das verborgene akustische Hinterland zu erkunden: die lautlosen Geschehnisse in den Werkstätten der Geigenbauer und im Laden des Clavichord-Restaurators, überhaupt alles, was hinter verschlossenen Türen stattfindet.

Welche Reichtümer dort warten, lassen mich manchmal die Gegensprechanlagen der großen Häuser ahnen: Stethoskope, mit deren Hilfe ich nicht ohne Lust an der Heimlichkeit fremde Leben abhöre, von denen ich sonst nie erfahren hätte. Was die Lautsprecher preisgeben, wenn sich seit dem Klingeln des Postboten am Morgen der Antwortknopf verhakt hat oder Kinder ihr Walkie-Talkie-Spiel nicht ordentlich beendet haben, vermengt Babygeschrei, Töpfeklappern und Fernsehstimmen zu einem dumpf knisternden Durcheinander.

Ich male mir dann aus, wie sich entlang der ganzen Straße schlagartig die Schleusen öffnen, alles Zurückgehaltene in einem kakophonischen Sog fortgerissen wird und wie durch einen gigantischen Badewannenabfluss wegstrudelt. Kein Geschrei, kein In-die-Hände-Klatschen könnte die Stille durchkreuzen. Verdutzt würden die Menschen gestikulieren und auf einmal begreifen, dass sie gerade eine große Pause im ununterbrochenen Gemurmel des Universums erleben, eine akustische Sonnenfinsternis, die nach einer Weile auch die Farben aus den Dingen schwinden lässt, bevor sie die eigenen Umrisse verlieren und nach und nach verdunsten.

2

Und dann ist es kurz nach Mitternacht. Mit übereinandergeschlagenen Beinen sitze ich in der Küche und schmiege mich in meine Gitarre hinein. Die rechte Wange ruht auf der sich erwärmenden Zarge, die linke Hand umschließt den Hals mitsamt den Saiten. Wir haben es nicht eilig miteinander. Wir gedulden uns, bis sich der erste Ton bemerkbar machen will und heraustritt aus unserem stummen Zögern, als müsste sich zwischen uns eine Atemsäule aufbauen. Und ehe wir's uns versehen, sind schon wir mittendrin in unserem musikalischen Gespräch, als hätten wir uns gar nicht erst hineinbegeben müssen.

Nicht nur die Gitarre erwacht nach einer Weile. In meiner Müdigkeit verschaffe ich ihr einen Platz in mir. Nach und nach erinnern sich die Muskeln, wo sie leuchtet und wo sie sich stumpf verweigert. Und doch braucht es für ein glückliches Miteinander auch meine innere Bereitschaft. Ein Gefühl der Erholung gewinnt sie nicht unbedingt zuverlässiger als eine tiefe Erschöpfung. Die Rückkopplungseffekte setzen nach undurchsichtigen Regeln ein, und es gibt Tage, an denen die Finger, schon von Entzugserscheinungen geplagt, auf Auslauf drängen, während sich der Gitarre kein vernünftiger Ton entringt. Man darf in solchen Phasen nicht trotzig gegen die Widerstände anrennen. Man kann nur mit stoischer Gelassenheit darauf vertrauen, dass sie sich von alleine zurückziehen, bis der gemeinsame Raum sich von Neuem öffnet.

Abgesehen von einem namenlosen Schülerinstrument im 3/4-Format, habe ich nie eine andere klassische Gitarre besessen. Ende der 1970er Jahre weckte sie im Bubenreuther Werksverkauf der Firma Höfner unter drei oder vier Konkurrentinnen sofort meine Aufmerksamkeit. Damals kam sie so frisch aus der Produktion, dass auf dem Aufkleber unterhalb des Schalllochs nicht einmal Zeit geblieben war, Seriennummer und Herstellungsjahr einzutragen. Inzwischen ist sie alt und krumm. Eine Narbe durchzieht den Unterleib. Die Fichtendecke wölbt sich gefährlich unter der aufgeplatzten Lasur, leistet aber tapfer Widerstand. Die Mechanik ächzt trotz einiger regelmäßiger Tropfen Nähmaschinenöl, die leere D-Saite schnarrt, und überhaupt hat die Oktavreinheit nachgelassen: In den oberen Lagen schielen die Töne.

Selbst in jungen Jahren hätte meine Gitarre nie einen Schönheitswettbewerb gewonnen, doch sie war immer eine treue Seele. Allein die Erinnerung daran, dass wir einander jahrzehntelang gehört haben, strafft ihren verbrauchten Körper. Einmal war ich schon drauf und dran, sie durch ein jüngeres Instrument zu ersetzen, und brachte es dann doch nicht übers Herz. Es gibt Tage, an denen sie so hellwach reagiert, dass ich staune, was diese Schindmähre, die unter meinen Fingern ohnehin nie zum Rennpferd geworden wäre, noch kann.

Ich spiele nichts Bestimmtes, schon gar nicht um diese Zeit. Ich folge meinen Eingebungen, sammle kleine Melodien auf und streue hin und wieder einen Akkord ein. Was immer diese für kein fremdes Ohr bestimmte Mitternachtsmusik ausmacht: Die mühevolle Unendlichkeit, die zwischen einem klar artikulierten, sorgfältig ausgekosteten Ton und dem nächsten liegen kann, wird von der Selbstverständlichkeit überbrückt, mit der die Finger sie bewältigen. Und so verwachsen wir nach und nach immer weiter miteinander, zwei schlaflose Gestalten, die sich vom Schädel bis zur Magengrube sanft vibrierend blind aufeinander verlassen können.

In solchen Momenten bin ich weder bei mir noch außer mir. Ich bin der Bewohner einer permanenten Schwelle, weder hier noch dort. In gedankenloser Geistesgegenwart durchquere ich einen Raum, den ich mir auch selbst erschaffe. Es ist, als würde ich auf dem Fahrrad in eine Landschaft blicken, die im Gleichmaß meiner eigenen Bewegung die Gestalt verändert. Wege, die sich verengen, Täler, die sich öffnen. An jedem gegebenen Punkt bin ich schon woanders, ich halte nichts fest, und nichts hält mich fest. Der Wind, von hinten, von vorne und von der Seite, schiebt Sträucher, Bäume und Hügel herum, die Sonne wechselt den Einfallswinkel, und mit jeder Konstellation, die in mich einströmt, fühle ich mich durchsichtiger. Noch Stunden nachdem ich abgestiegen bin, gleite ich unter schläfrigen Lidern auf einen unerreichbaren Horizont zu.

Wie gerne überlasse ich mich solchen Augenblicken des Übergangs, dem Auf- und Abtauchen zwischen Senken und Hügeln, Dörfern und Städten. Momenten, die sich nicht festhalten lassen außer im Bewusstsein, dass sie sich nicht festhalten lassen. Die Landschaft schlägt Wellen, die Farben blenden auf und ab. Modulationen stellen sich ein, denen man zu vertrauen lernt. Je nach Jahreszeit blitzen Maisfelder und Sandsteinfelsen auf, oder ein feuchtes Himmelsgrau legt sich auf das bereits herbstlich ausgedörrte Grün der Wiesen.

Selbst da, wo ich vertrautes Terrain passiere, ja wo ich glaube, eine Strecke bis ins Letzte aufgesogen zu haben, unterliege ich einer Täuschung, die mich gleich wieder unaufmerksam werden lässt. Ich kenne nicht jeden Baum und jedes Haus, ich habe nur einen halbwegs verlässlichen Eindruck davon, in welchem Abschnitt und in welcher Zone ich mich befinde. Und so verfüge ich auch bei Musikstücken, die ich bis in die letzte Pore aufgesogen zu haben meine, nur über eine punktuelle, niemals vollständige Erinnerung. Die Details durch das Vergessene hindurch memorierend, erwarte ich das nächste vertraute Zeichen, das mich durchquert, ein Ach-so, ein Ach-ja, ein Ja-natürlich, ein So-war-das und den beglückenden Ruck des So-geht-es-weiter.

Im Gegensatz dazu gibt es nichts Leichteres, als die eigene Stadt wie ein Fremder zu durchqueren. Statt der wenigen vertrauten Anhaltspunkte muss man sich nur an das Übermaß der nie eingesunkenen Informationen halten. Anstelle der Schaufensterfront mit dem Signet über der Eingangstür an das nie wahrgenommene

Giebeldach. Statt des in großen Lettern angebrachten Namens der U-Bahn-Station das Nebeneinander nie gesehener PVC-Platten als Wandverkleidung. Wo bin ich nur? Von manchen Bäumen, Durchblicken und Straßenecken könnte ich vielleicht sagen, dass ich sie schon irgendwo gesehen habe. Aber wo und wann? Viele Einzelheiten könnte ich nicht einmal mit dem Ort, an dem ich wohne, in Verbindung bringen. Ich würde ständigen Täuschungen unterliegen. Das Gewohnheitstier, das ich bin, lässt sich nicht so leicht von seinen Wegen abbringen. Genau besehen, ist es sogar ein fast blindes und taubes Wesen, das sich in lächerlichen Verlässlichkeiten eingerichtet hat. Jeder Mensch, so kommt es mir vor, sammelt nur die bitreduzierte MP3-Variante von HiFi-Erlebnissen ein: Statt über ein informationsgesättigtes Bild zu verfügen, ergänzt er nur armselige Umrisse zu einem vermeintlichen Ganzen.

3

Seit ich denken kann, versetzen mir die ersten Momente von Konzerten einen Stich. Gleich, ob ein Orchester auf der Bühne steht oder ein Einzelner, ob Bach gespielt wird oder Sofia Gubaidulina, ob Leonard Cohen singt oder Dianne Reeves: Ruckartig füllen sich beide Tränendrüsen, und ein wohliger Schmerz treibt mir einen Glanz in die Augen, hinter dem sich die Wassertore doch niemals öffnen. Diese anfängliche Überwältigung hat selten mit Rührseligkeit zu tun. Sie braucht nichts als die Konzentration von Musikern und Publikum auf die Sache und eine gemeinsame Anspannung, die sich nach ein paar Minuten löst.

Die Erinnerung an solche Momente verbindet sich mit manchen Stücken für immer. Henry Purcells *Dido und Aeneas* etwa, eine Oper, die ich einigermaßen zu kennen meinte, kann ich nicht mehr hören, ohne dass mir die studentische Aufführung in den Sinn kommt, die mir an einem dunklen Februartag spät im Leben den unerwarteten Eindruck vermittelte, ich hätte diese Musik nie zuvor in ihrer ganzen Pracht erlebt. Vielleicht war ich ausgehungerter als sonst. Vielleicht hatte Purcell in der Kahlheit des universitären Probensaals, in dem die halbszenische Inszenierung stattfand, mit mir leichtes Spiel. Ich musste kein Wort vom ersten Chor, dem »Banish sorrow, banish care, / Grief should ne'er approach the fair« verstehen, damit er mich mit einer Macht ergriff, die mich über Wochen in einen regelrechten Purcell-Taumel stürzte. Als ich wenig später meinen Rausch mit einer opulenten, in allen Bühnenfarben leuchtenden Inszenierung verlängern wollte, blieb die Wirkung aus. Der Abend ließ mich und das Publikum kalt.

Der Dirigent Sergiu Celibidache predigte in Bezug auf Anton Bruckners symphonische Riesenschlangen gerne die Notwendigkeit, mit dem ersten Ton auch schon den letzten zu setzen. »Zeit ist, was nach dem Ende kommt«, sagte er. Jede Entfernung vom Ausgangspunkt war für ihn der Schritt zu einer glücklichen Rückkehr. Ich glaube, dass diese zenartige Weisheit selbst für den barocken Geist einer nicht einmal vollständig überlieferten Oper wie *Dido und Aeneas* gilt. Sie braucht einen inneren Zusammenhang, der sich aus einer bloßen Abfolge von Nummern nicht herstellen lässt.

Musik aus der Konserve hat mir diese Art von Spannung nie vermittelt. Sie kann meine Stimmung verstärken und mich, wenn sie mich auf dem falschen Fuß erwischt, sogar zu Tränen zwingen. Ich bin gegen Gefühligkeit oder auch Aggressivität, der ich in jüngeren Jahren ungleich mehr abgewinnen konnte, keineswegs immun. Als Kind fühlte ich mich sogar jedes Mal erpresst, wenn ich bei einem Winnetou-Hörspiel weinen musste, das zum Tod des Helden ein von Karl May selbst komponiertes »Ave Maria« aufrauschen lässt. Eine Unterwerfung unter das abendländische Gesetz, die mir schon damals albern vorkam. »Shar-lih - ich glaube an den Heiland«, sagt der Apachenhäuptling im Beisein deutscher Siedler mit ersterbender Kraft zu Old Shatterhand. »Winnetou ist ein Christ. Lebe wohl!«

Ein großer Teil der Klangtapeten, die heute als zeitgenössische Klassik durchgehen, hat diese konditionierende Wucht, und es macht ihre Glätte nicht besser, dass Produzenten und Konsumenten darin übereingekommen sind, auf nichts anderes als die Befriedigung emotionaler Interessen zu zielen. Dann lieber gleich Filmmusiken, weil sie von vornherein in den Dienst der Affektverstärkung treten. Und doch verläuft zwischen dem, was einem bei Ennio Morricones Titelthema zu Sergio Leones *Es war einmal in Amerika* oder bei John Williams in *Schindlers Liste* selbst ohne Kenntnis der Filme nahegeht, und dem, was einem in den langsamen Sätzen von Max Bruch oder Gustav Mahler ans Herz greift, ein schmaler Grat.

Man soll dieses Baden in fremden Gefühlen, die man als die eigenen nimmt, nicht grundsätzlich verurteilen. Ihrer Wahrhaftigkeit ist es aber zuträglich, wenn ein Moment der Brechung ins Spiel kommt: die Rauheit, die Tom Waits in Stücke trägt, die sonst in ihrer Streichersuppe ersaufen würden. Oder die kratzige Melancholie, die Joni Mitchell Vince Mendozas orchestraler Fassung von »Both Sides, Now« schenkt, drei Jahrzehnte, nachdem sie den Song mit einer glockenhellen Stimme vortrug, die von der Lebenserfahrung, die der Text behauptet, noch wenig wusste.

Anders als Leo Tolstoi, dessen Melomanie, wie Vladimir Jankélévitch in *Die Musik und das Unaussprechliche* schreibt, sich immer wieder in erbitterte Melophobie verkehrte, habe ich mich nie als Sklave der Musik gefühlt. In einem der Gespräche, die der Slawist Paul Boyer 1902 auf Tolstois Landgut Jasnaja Poljana führte und in der Pariser Tageszeitung *Le Temps* veröffentlichte, heißt es: »Leo Nikolajewitsch fühlt sich an diesem Abend erschöpft; aber er will sich nichts anmerken lassen. ›Setzen Sie sich ans Klavier‹, sagt er zu dem anwesenden Musiker, ›und spielen Sie uns etwas Chopin.‹ Tolstoi lauscht wortlos, ganz bezaubert von diesen traurigen oder leidenschaftlichen Melodien, die er mit Inbrunst bewundert; dann, als der Pianist die Ballade No. 4 beendet, füllen sich seine Augen mit Tränen: ›Ah, das Tier‹, ruft er aus; und unerwartet erhebt er sich und nimmt am Kartenspieltisch für Vint Platz, jenem furchterregenden russischen Whist, dessen Verzwicktheiten schon mehr als einen guten französischen Willen entmutigt haben.«

Tolstoi wurde nie los, was er den neurotischen Gattinenmörder Posdnyschew, den Protagonisten seiner *Kreutzersonate*, schon Jahrzehnte zuvor aussprechen ließ: »Es heißt, die Musik erhebe die Seele – Unsinn, Lüge! Sie wirkt überaus stark, gewiss – ich spreche von mir –, doch von einer seelischen Erhebung ist bei ihrer Wirkung nicht im Geringsten die Rede; sie wirkt auf die Seele weder erhebend noch niederdrückend, sondern erregend. Wie soll ich es Ihnen sagen? Die Musik zwingt mich, mich selbst und das, was meine Wirklichkeit ist, zu vergessen, sie versetzt mich in eine andere Wirklichkeit, die nicht die meine ist; ich habe unter dem Einfluss der Musik den Eindruck, dass ich etwas fühle, was ich im Grunde genommen gar nicht fühle, etwas begreife, was ich nicht begreife, etwas vermag, was ich nicht vermag.«

Musik wirkt in dieser Hinsicht wie Malerei. In beiden Fällen geht es um eine Erfahrung, die einem sowohl allzu nah zu Leibe rückt und deshalb nicht als Ganzes in den Blick gerät, als auch sich dauerhaft entzieht und höchstens als unwillkürlicher Abdruck bewahren lässt - unter Umständen in Tränen. Ich entsinne mich, wie der Erzähler von Ben Lerners Roman *Abschied von Atocha*, ein amerikanischer Dichter von zweifelhaftem Talent, den Madrider Prado besucht und dort einen Mann beobachtet, der vor Rogier van der Leydens *Kreuzabnahme* in Tränen ausbricht. Angesichts seiner eigenen Fühllosigkeit, die auch die Poesie einschließt, fragt er sich, ob es sich um eine besonders tiefe Form der Kunsterfahrung handle oder um einen mitgebrachten Kummer, der nur einen winzigen Auslöser brauchte.

In seinem Buch *Pictures & Tears* dekliniert James Elkins durch, warum Menschen vor Gemälden weinen, und verwandelt die unterschiedlichen Faktoren in lebendige Geschichten. Tränen im bloßen Angesicht von Farben. Tränen im Angesicht von chromatischen Wellen. Tränen im Angesicht einer weinenden Madonna. Und weil Elkins mit einem Besuch in der Rothko Chapel in Houston, Texas, beginnt, wo 14 großformatige Werke von Mark Rothko in einem keiner Konfession zugedachten Meditationsraum hängen, schlägt er insgeheim auch den Bogen zur Musik: Morton Feldman hat der Kapelle eine seiner betörendsten Kompositionen gewidmet, die halbstündige *Rothko Chapel* für Sopran, Alt, gemischten Chor, Celesta, Viola und Schlagzeug.

Im Gegensatz zur Musik offenbart sich Malerei allerdings nicht in einem Schöpfungsprozess, den Musiker und Zuhörer gemeinsam immer wieder neu vollziehen. Man mag ein Gemälde zum ersten Mal sehen und es geduldig in seinen Details entdecken müssen, aber es ist fertig in der Welt. Man tritt ihm als Anderer gegenüber, während Musik das rein Gegenständliche aufzuheben trachtet.

4

In meinem Leben gibt es Gitarrentage, und es gibt Klaviertage. Genau genommen eher Wochen oder Monate. Manchmal kommt es mir sogar so vor, als hätte ich eines der beiden Instrumente für immer verloren. Ich spüre dann nicht nur die auf unterschiedliche Weise steif gewordenen Finger, in mir wächst eine regelrechte Unlust, zu meinen alten Routinen zurückzukehren. Die Gitarre verweigert sich dabei ausdauernder als das fast immer willige Klavier. In dringenden musikalischen Fragen konsultiert man eben schnell mal die übersichtliche Ordnung der Tasten.

Wenn man die mechanischen Distanzen vergisst, leistet es auch bei schlechter motorischer Kondition beim Fabulieren oder dem Blick in eine Partitur bessere Dienste als die körperliche Unmittelbarkeit der Gitarre. Sie ist dem Klavier allerdings durch die Formbarkeit des einzelnen Tons überlegen. Bessere Pianisten können das Instrument singen lassen, aber auch mittelmäßige Gitarristen können mit dem Vibrato der linken Hand spielen, für das Nylonsaiten empfänglicher sind als Stahlsaiten. Auch die Anschlagsvarianten der rechten Hand, der Daumen, der sanft auf der nächsthöheren Saite landet, der Wechselschlag von Zeige- und Mittelfinger, der je nach Nagellänge mehr oder weniger brillante Klänge erzeugt, oder die nach Größe, Material und Stärke unterschiedenen Plektren, die je nach Entfernung zum Steg den Ton metallischer oder holziger erscheinen lassen, sind mit den pianistisch dosierbaren Kräften nicht zu vergleichen. Wo beim Klavier das Vergnügen eher darin besteht, harmonische Räume zu öffnen, legt man man bei der Gitarre eher den einzelnen Ton unters Mikroskop und sieht der Saite, die ihn erzeugt, beim Schwingen zu.

Es gibt allerdings jene erwähnten Taubheitstage und Unempfindlichkeitsphasen, an denen mir Musik völlig unzugänglich bleibt. Hilfesuchend klopfe ich an ihre Türe, hinter der das liegt, was mich sonst rettet, aber ich finde keinen Einlass. Gerade in den Momenten, in denen ich sie am dringendsten bräuchte, will auch sie nichts von mir wissen. Was ich auch auflege, egal, wie ausgiebig ich über meinen Instrumenten brüte - ich bleibe in meiner Gleichgültigkeit gefangen. Und je gereizter ich darauf warte, dass ihr Widerstand erlahmt, desto tückischer erfasst mich ein Gefühl von Ekel. Ich bin in solchen Stunden unberührbar für jede Kunst, weil ich mich als derjenige, der über sich hinauszugelangen versucht, nicht nur vor der Musik, sondern vor mir selber ekle. Ich scheitere an meiner eigenen Begrenztheit, Grenzen, an denen ich rüttle, Grenzen, die ich in glücklicheren Stunden sogar verschieben kann, um mich als beweglich wahrzunehmen, Grenzen, die sich mit denen anderer überschneiden, mich aber nicht von der Notwendigkeit entbinden, mich innerhalb der eigenen einzurichten.

Wenn ich so tief im Lärm eines Tages festsitze, der sich in nichts anderes verwandeln lassen will, hilft nur sofortige Betäubung. Ein Glas Wein oder eine ausgiebige Fernsehdusche zwischen allen Kanälen bergen die Chance, mich aus meinem Stupor herauszuführen. Ich muss das, was mich in seiner sinnlosen Gleichgültigkeit im Griff hat, so lange mit noch mehr Sinnlosigkeit nivellieren, bis ich auf dem Meer dieser Gleichgültigkeit das Unbedeutende wieder vom Bedeutenden unterscheiden kann. Es ist dies keine absolute Hierarchie der Dinge, sondern es ist die Rückkehr in meine mehr oder weniger persönliche Ordnung, in der sich auch das eigentlich Unvereinbare in seiner Besonderheit zeigt. Gereinigt, wie ich mir vorkomme, kann ich dann sogar Gefallen an Dixieland oder Schlagern finden.

5

Ich war Morton Feldmans alles Improvisierte scheuenden Musik verfallen, ehe ich sie verstanden hatte. Unter den Werken der New Yorker Komponisten, zu deren Kreis man ihn zählte, John Cage, Christian Wolff und Earle Brown, besaß sie die subtilsten Klangfarbenreize. Vor allem die Stücke, die er in den letzten zehn Jahren seines Lebens schrieb, bis ihm 1987 ein Bauchspeicheldrüsenkrebs mit nur 61 Jahren den Garaus machte, üben in ihrer kaum bewegten Stille und ausufernden, manchmal Stunden beanspruchenden Dauer auf mich eine unvermindert hypnotische Kraft aus.

Wie nur wenige seiner Zeitgenossen, unter ihnen allenfalls der italienische Klangmystiker Giacinto Scelsi, führte er die westliche Musiktradition an ihre Grenzen. In den Titeln, die Feldman einigen dieser späten Kompositionen gab, schien er sogar auf deren Überwindung zu dringen. Die symphonischen *Turfan Fragments* führen auf die alte Seidenstraße, in die Turfan-Oase am Rande der Taklamakan-Wüste. Doch begegnete er der Kultur der auf Sanskrit, Alttürkisch, Chinesisch, Mitteliranisch und Tocharisch verfassten Turfan-Schriften nie am Ort ihrer Auffindung, dem heutigen Autonomen Gebiet Xinjiang im Nordwesten Chinas.

Feldman entdeckte die Turfan-Schriften erst während eines Stipendiums in Berlin, in den Ethnologischen Museen Dahlem. In vier deutschen Expeditionen zu Beginn des 20. Jahrhunderts hatten Albert Grünwedel und Albert Le Coq die Schätze nach Deutschland gebracht, ein Kunstraubzug, der sich in der Rückschau nur dadurch rechtfertigen lässt, dass er etwas bewahren half, das sonst wahrscheinlich von Maos Kulturrevolution vernichtet worden wäre. Auch den Palais de Mari, nach dem seine letzte Komposition für Klavier solo benannt ist, hat Feldman nie mit eigenen Augen gesehen. Er kannte die altmesopotamische Ruine des Palasts des Zimri-Lim in Mari, dem heutigen Tell Harari in Syrien, nur von einer Fotografie im Louvre.

Feldman, in Brooklyn als Sohn belarussisch-ukrainisch-jüdischer Immigranten aufgewachsen, war kein großer Reisender. Er holte die Welt eher zu sich wie die Teppiche, die er sammelte. Von einem Auftritt im Iran hatte er einen Shiraz-Teppich mitgebracht, der das erste Zeugnis seiner schnell wachsenden Leidenschaft für eine Kunst wurde, die sein Interesse an der Malerei ablöste. In einer Erinnerung beschreibt seine Gefährtin, die Pianistin Bunita Marcus, wie aus einem gemeinsamen Zufallsfund in einem Laden in Toronto eine regelrechte Besessenheit wurde. Diese schloss später auch Eroberungen in türkischen Basaren ein und lebte doch ganz von Studium und Pflege der Beute im heimischen Wohnzimmer. Knüpftechniken prägten auch sein Denken in musikalischen Mustern: die unvermeidlichen Farbsprünge in Gestalt des sogenannten Abrash, die Gleichzeitigkeit horizontaler und vertikaler Linien, das Kontrapunktische.

Feldmans mir liebstes Stück ist bei alledem *For Philip Guston* geblieben, eine posthume Hommage an seinen 1980 verstorbenen Malerfreund, den abstrakten Expressionisten Philipp Guston, mit dem er brach, als dieser sich Ende der 1960er Jahre gegenständlicheren Formen zuwandte. Gut vier Stunden für drei Musiker: einen Flötisten, einen Pianisten und Celestaspieler sowie einen Perkussionisten an Vibraphon, Marimba, Glockenspiel und Röhrenglocken. In ihrer je eigenen Zeit trudeln die drei nebeneinander her, finden zwischendurch zusammen und verlieren einander wieder. Es sind vier Stunden, die nach einer Stunde enden könnten, nach sechs Stunden wie sein zweites Streichquartett - oder nie. Es gibt in diesem musikalischen Raum keinen erkennbaren Vektor. Man muss ihn auf Zehenspitzen betreten, so vorsichtig, wie er selbst sich im ersten Pianopianissimo zeigt. Sonst würde man die akustische Vegetation, die sich hier in einem sanften Wind wiegt, gleich wieder zertrampeln. Was ist das hier? Ein Zauberwald mit silbrig klirrenden Blättern? Eine Steppe, deren Grasbüschel sich in sanft changierendem Licht im Wind wiegen?

Feldmans Musik löst Bilder aus, hat selbst aber gar nichts Illustratives: Sie ist, was sie ist. Ein Gebiet, von dem sich weder sagen lässt, wie weit es sich erstreckt, noch welche Wege hindurchführen. Die einzige, sich bald bestätigende Vermutung besteht darin, dass es sich um einen relativ homogenen Raum handelt. Je länger man sich darin aufhält, desto gleichförmiger erscheint die Vegetation. Hier wächst kein Halm in den Himmel. Zugleich ist sie bei genauem Hinhören abwechslungsreicher, als man denkt.

Man könnte zur Orientierung eine Karte - die Partitur - zu Hilfe nehmen. Aber das würde dem, der dieses Gebiet als selbstvergessener Hörer durchquert, nur Koordinaten verraten, die zu einer anderen Wahrnehmungskategorie als der des ausübenden Musikers gehören. Was für diesen hypergenau notiert ist und durch ständige Taktwechsel in den Wahnsinn treiben kann, schwingt für jenen idealerweise in einer unvergleichlich befreiten Klarheit. Gerade weil man als Hörer nicht jeden Flecken Erde bestimmen können muss, kommt einem mit dem Raum auch die Zeit abhanden.

Man kann spüren, dass das Repetitive dieser Musik keine exakte Wiederholung ist. Und zwar so wenig wie die »Crippled Symmetry« von Nomadenteppichen, die einer anderen Komposition in gleicher Besetzung den Namen gibt: Die vermeintlich reine Spiegelung von Mustern bringt winzige Abweichungen bei starker Strukturähnlichkeit hervor. Die relative Gleichförmigkeit bei gleichzeitiger Ungleichheit schafft so etwas Doppeldeutiges: Der Orientierungsverlust innerhalb der großen Form geht mit dem Zutrauen in den überschaubaren Moment einher. Man kann getrost alle Erwartungen in die Entwicklung des Ganzen fahren lassen, dafür überrumpelt einen auch nichts grundlegend Neues. Nirgends warten die Springteufelchen eines dissonanten Ausbruchs, eines explodierenden Lautstärkepegels oder schmerzhaft weit auseinanderliegender Intervalle.

Gemessen bewegt sich diese Musik von einem unaufgelösten Klang zum nächsten und ist bis auf einige Grundmotive nur in ihrer Stimmung erinnerlich. Insbesondere die vier Töne, aus denen Feldman anfangs sein Material gewinnt, können sich bei regelmäßigem Hören zu einem regelrechten Ohrwurm entwickeln. In drei verschiedenen Taktarten setzen Flöte, Vibraphon und Klavier ausgehend vom dreigestrichenen C an, bewegen sich erst eine Quarte nach unten, dann einen Halbton und schließlich eine Quinte nach oben, ein C-G-AS-ES-Signal, das sich gerade dadurch, dass es in den einzelnen Stimmen leicht gegeneinander verschoben ist, eingraviert.

Obwohl es ausgedünnt, sparsam und repetitiv zugeht, handelt es sich nicht um Minimal Music, die in ihrer Regelhaftigkeit durchaus einem Maximalismus huldigen kann, der sich in ungetrübtem Wohlklang und orchestraler Überwältigung kundtut. In ihrer ureigenen Räumlichkeit handelt es sich auch nicht um Ambient Music. Dennoch gilt auch für Feldmans *Guston*, was Brian Eno 1978 über seine *Music for Airports* schrieb: »It must be as ignorable as it is interesting.« Man muss über sie im gleichen Maß hinweggehen wie ihr seine Aufmerksamkeit schenken können.

Erst lange nachdem ich Morton Feldman entdeckt hatte, stieß ich auf die Prosa des Australiers Gerald Murnane. In seinem Roman *Die Ebenen*, dessen Protagonist eine reichlich ereignis- und ergebnislose Expedition ins Outback unternimmt, erzählt er von einem Komponisten, der die verschwindend gering besiedelte Gegend rund um den eigenen Geburtsort in symphonische Klänge zu fassen versucht. Die Musiker sind dabei in großen Abständen über das Publikum verteilt. »Jedes Instrument brachte ein Klangvolumen hervor, das nur von den wenigen Personen in allernächster Nähe vernommen werden konnte. Den Zuhörern stand es frei, umherzugehen – so still oder geräuschvoll, wie sie wollten. Einige vermochten Melodiefetzen zu hören, so zart, wie wenn Grashalme aneinander schaben, oder wie das Beben des brüchigen Gewebes von Insekten. Ein paar fanden sogar eine Stelle, an der mehr als ein Instrument zu hören war. Die meisten hörten überhaupt keine Musik.« Wenn ich ihnen einen Besuch abstatten könnte, würde ich diesen Bedauernswerten eine Aufnahme von Feldmans *Philip Guston* mitbringen.

Und ich würde ihnen von Giacinto Scelsi erzählen. Sein Gleichnis vom angehenden Zen-Bogenschützen und der Laus ist ein schönes Beispiel dafür, wie sehr Reizintensivierung und Reizreduktion Hand in Hand gehen. Der Novize soll auf Anraten des Meisters zwischen zwei Stöcken einen Bindfaden spannen und darauf eine Laus hin- und herlaufen lassen – so viele Tage, Wochen oder Monate, bis sie sich in seiner Wahrnehmung derart vergrößert hat, dass er ihr Herz schlagen sieht.

Der Effekt dieser Konzentrationsübung ist einerseits ganz real und kann, wie die chinesische Wassertropfenfolter beweist, geradewegs in den Wahnsinn führen: Das Geringfügige erhält ein Gewicht, das es im alltäglichen Wettbewerb der Empfindungen nicht bekommen würde. Scelsi erzählt die Geschichte allerdings nicht ohne jede Not als Gleichnis. Denn worauf seine eigenen Stücke zielen, deren Aufführung in der Regel nur gründlich initiierten Jüngern seiner hinduistisch geprägten Lehre gelingt, ist eher die Idee von etwas als die Wirklichkeit selbst.

Scelsi bündelte im Gleichnis von der Laus Erfahrungen, die er während eines Aufenthalts in der Psychiatrie machte. Auf einem einsamen Klavier in der Nervenklinik hatte er immer wieder dieselben zwei Töne angeschlagen: C … C … D … D … Woraufhin ihm ein anderer Insasse erklärte, diese Verrücktheit sei ja größer als sie beide zusammen. Von da aus entwickelte er seine Theorie des einen Tons, in dem sich die ganze Welt spiegelt.

In seinen Stücken, die er willige Helfer von Tonbändern transkribieren ließ, aktualisierte sich das psychiatrische Schlüsselerlebnis immer wieder von Neuem. Was ihm als eine von höheren Mächten spontan empfangene, in gewisser Weise improvisierte

Musik galt, ist in der Aufführung schon wieder problematisch. Um in jene kosmische Wirklichkeit hinauszutreten, auf die er zielte, muss jeder Ton sich selbst ausstreichen, um der ewigen Wahrheit gerecht zu werden, die er beansprucht.

6

Etwas hören. Etwas wieder hören. Etwas wie zum ersten Mal hören. Musikalische Bedeutung entfaltet sich immer in diesem Spannungsfeld. Wie vergeblich ist es daher, von einem absoluten Anfang zu träumen, einer Unschuld, in die der Anfang von Beethovens fünfter Symphonie, eine Art Inbegriff abendländischer Musik, wie ein göttliches Schöpfungswort hineinfährt, bevor er zum metaphorischen oder buchstäblichen Klingelton einer durchaus begrenzten Tradition degradiert wurde. Selbst wenn es gelänge, den selbstzerstörerischen Paradoxien zu entkommen, die die Kanonisierung solcher Stücke mit sich bringt, würde man den kulturellen Zusammenhang, dem sich ihr Ruhm verdankt, nicht los. Keine Musik spricht allein aus sich heraus. Jedes Kinderlied, ganz gleich von welchem Kontinent, trägt in sich eine soziale Welt. Die Unmittelbarkeit, die Musik mehr als jede andere Kunst verspricht, funktioniert nicht ohne ein Minimum an Vermitteltheit. Denn Musik ist, sie ist aber auch geworden. Und sie braucht den, der mit ihr geworden ist.

Die Voyager Golden Record, die 1977, an den Sonden Voyager 1 und Voyager 2 befestigt, ins All reiste und mittlerweile in den interstellaren Raum eingetreten ist, würde dies beweisen. Die Schallplatte aus vergoldetem Kupfer, die sich mithilfe einer beigefügten Abtastnadel bei 16 2/3 Umdrehungen pro Minute abspielen lässt, enthält neben 118 Fotografien, die von der Vielfalt irdischen Lebens zeugen, vor allem eine anderthalbstündige Anthologie mit Musik aus allen Kulturen sowie eine zwölfminütige Geräuschcollage als Mitteilung an außerirdische Intelligenzen.

Wie erregend wäre es, Aliens bei der allerersten Begegnung mit Chuck Berrys »Johnny B. Goode« zu beobachten und dann womöglich festzustellen, dass ihnen die Koloraturen, die Edda Moser in

Mozarts *Zauberflöte* als Königin der Nacht am Himmel der Wiener Klassik aufgehen lässt, den Puls weitaus mehr beschleunigen. Und mit wie viel Schauder – oder wäre es Neid? – würde man zusehen, in welche Glieder ihnen Louis Armstrongs »Melancholy Blues« mit den Hot Seven fährt, und welche Augen oder andere zum Staunen aufgelegte Sinnesorgane sie machen, wenn Glenn Gould mit federndem Stakkato durch Bachs *Wohltemperiertes Klavier* eilt.

Dazu wird es nie kommen. Die räumliche Distanz, die es zu überwinden gälte, ist dabei nur das geringste Hindernis. Dem anthropomorphen Nervenkitzel könnte auch eine evolutionäre Ungleichzeitigkeit im Wege stehen. Timothy Ferris, der musikalische Kurator der Golden Record, sprach von der Flaschenpost an eine Spezies, die es unter Umständen noch gar nicht gibt. Auch wir Menschen hätten schließlich drei Milliarden Jahre für unsere Entwicklung gebraucht. Unter dieser Voraussetzung kann man sich ebenso gut in die Überlegenheit dieser anderen Spezies hineinfantasieren wie in deren Unterlegenheit.

Im harmlosesten Fall würden wir die Außerirdischen einem Experiment aussetzen, wie es Josh McDermott und Marc D. Hauser mit Lisztäffchen und Marmosetten aus der Gruppe der Krallenaffen anstellten. Sie überließen den Tieren die Wahl zwischen einem auf der Flöte gespielten russischen Wiegenlied und Alec Empires »Nobody Gets Out Alive!«, einem aggressiven Stück Breakcore. Die Präferenzen, o Wunder, fielen zugunsten des Wiegenlieds aus. Der Schluss, den sie nach weiteren Untersuchungen zogen, gab ihrem 2007 veröffentlichten Aufsatz den Titel »Nonhuman primates prefer slow tempos but dislike music overall«.

Wir Menschen dagegen, die Musik, wie die beiden Wissenschaftler herausgefunden haben wollen, stets der Stille vorziehen, täten also gut daran, uns bei Aliens auf die Ablehnung unserer Tonwelten gefasst zu machen – es sei denn, wir könnten für sie vorausahnend Stücke komponieren, wie sie der amerikanische Cellist David E. Teie Katzen, Hunden und Affen nach gründlichem

Studium ihrer Bedürfnisse zugedacht hat. Schönheit, sagt er zu Recht, liegt im Auge der Art.

Nur Wesen, die über eine von der bloßen biologischen Mitteilung entkoppelte Tonproduktion verfügen, sind demnach in der Lage, der Menschenmusik etwas abzugewinnen. Zugleich können wir uns noch so sehr nach Flaschenpost aus der himmlischen Gegenrichtung sehnen: Wir vermögen uns nur nach Maßgabe der eigenen Wahrnehmung auszumalen, vor welche über- und außermenschlichen Herausforderungen uns eine solche Repertoireerweiterung stellen würde.

Aber was heißt, erst recht gemessen an solchen extraterrestrischen Dimensionen, schon Ungleichzeitigkeit und Gleichzeitigkeit? Schon Erdenbewohner der westlichen Hemisphäre könnten manche Stücke der Golden Record für etwas halten, das uns wie Licht aus einer fremden Galaxis erreicht. »Liu Shui« (Fließende Wasser), eines der bekanntesten Stücke für die chinesische Guqin, eine siebensaitige Wölbbrettzither, datiert aus den Anfängen der östlichen Zhou-Dynastie im achten vorchristlichen Jahrhundert. Dabei dürfte es in Guan Pinghus Einspielung aus den 1950er Jahren, von der eigenwilligen Agogik des Meisters abgesehen, im Wesentlichen noch genauso erklingen, wie es seinerzeit Bo Ya, der berühmteste Virtuose seiner Zeit, der Legende nach in den Bergen erst für sich spielte, bis er in dem Holzfäller Zhong Ziqi einen begeisterten Zuhörer fand. Als dieser starb, soll Bo Ya sein Instrument in eine Schlucht geworfen und nie wieder ein anderes angerührt haben.

In »Fließende Wasser« ist die Zeit stehengeblieben und gerät doch immer wieder aufs Neue in Bewegung. Der geistige Gehalt des Stücks, der sich sowohl auf die Prozesshaftigkeit der Natur wie auf den intellektuellen Austausch der antiken Literati bezieht, sprengt jede historische Aufführungspraxis. Und das tun einige Stücke auf der Golden Voyager Record. »Jaat Kahan Ho«, ein mindestens tausend Jahre jüngerer Raga aus Nordindien, den Kesarbai

Kerkar auf Hindustani singt. Oder die japanische, in dieser Form erst aus der Mitte des 18. Jahrhunderts überlieferte Shakuhachi-Melodie »Kraniche im Nest«.

Überhaupt geraten die Zeiten und Kulturen durcheinander. Peruanische Panflöten treten neben aserbaidschanische Sackpfeifen, Gesänge australischer Aborigines gesellen sich zu solchen nordamerikanischer Navajo, Mariachi-Klänge aus Mexiko zu Initiationsgesängen von Mbuti-Pygmäen aus Zaire, und zu allem tritt Beethovens herzergreifende Cavatina aus seinem späten Streichquartett op. 130. Verloren geht damit auch jede Unterscheidung von Kunstmusik, Folklore und Ritualmusik – woraus sich eine Vorstellung von Universalität nährt, die von verwandten Klängen auf verwandte Bedeutungen schließt. Linguisten bezeichnen solche Fälle als falsche Freunde.

Welche trügerische Verwandtschaft herrscht zum Beispiel zwischen der störrisch aufheulenden Slide-Gitarre in Blind Willie Johnsons wortlosem Bluesklagegesang »Dark Was the Night« aus dem Jahr 1927 und Guan Pinghus geräuschvollen Wischbewegungen auf dem Griffbrett der Guqin. Im einen Fall hört man das Leiden der geschundenen Kreatur, im anderen die improvisatorischen Gestaltungsfreiheiten innerhalb einer im Übrigen streng kodifizierten Kunst. Stehen wir vor diesen Phänomenen nicht selbst so verdattert wie Außerirdische? Und würden wir die hypnotischen Gong- und Glockenüberlagerungen, die ein javanisches Gamelan-Orchester und ein Dutzend Sänger in »Puspawarna« (Blumenarten) mit somnambuler Langsamkeit übereinanderschichten, nicht sofort den Bewohnern eines fernen Sonnensystems zuschreiben?

Mit der Voyager Golden Record schickt die Menschheit eine gemeinschaftliche Idee von sich auf Reisen, die in Wirklichkeit tausendfach zersplittert ist. Insofern sucht sie weniger den Kontakt zu außerirdischen Intelligenzen als zum eigenen kulturellen Gedächtnis. Sie dokumentiert, wie ein Planet, der seine

Traditionen sorgfältig inventarisiert, aber nur unter Mühen lebendig erhält, einmal erinnert werden möchte: Was der Selbstwahrnehmung nicht glückt, soll wenigstens die Fremdwahrnehmung leisten.

Die leise Schizophrenie dieses Unterfangens war schon dem Team rund um die Golden Record vertraut. In *Murmurs of Earth*, dem von Carl Sagan, einem Astrophysiker, herausgegebenen Begleitbuch, erklärt seine für die Hörcollage »The Sounds of Earth« verantwortliche Frau Ann Druyan freimütig, dass sie zugleich ein menschliches und ein außerirdisches Publikum im Blick gehabt habe. Ersterem solle es im Wiedererkennen von zirpenden Grillen und singenden Walen, Hundegebell und Babygeschrei, Morsegeräuschen und menschlichem Herzschlag ein Lächeln auf die Lippen zaubern, Letzterem etwas von der Breite akustischer Erfahrungen auf Erden vermitteln.

Die Auswahl der Stücke für die Golden Record ist, wie die Essays von *Murmurs of Earth* zeigen, keineswegs leichtfertig oder gar naiv geschehen. Dass es sich um eine Musikgeschichte der Menschheit aus der Perspektive der 1970er Jahre handelt, mag sie aus postkolonialer Sicht angreifbar machen, obwohl sie sich erkennbar bemüht, allen Kulturen gerecht zu werden. Viel mehr wiegt, dass das Modernste, was die Auswahl an komponierter Musik enthält, Igor Strawinskys »Danse sacrale« aus dem *Sacre du Printemps* ist. Was immer man jedoch ergänzen wollte, Dmitri Schostakowitsch, Olivier Messiaen oder György Ligeti, um von mindestens so wirkmächtigen Phänomenen wie den Beatles, den Rolling Stones, Jimi Hendrix, Stevie Wonder, Prince und Madonna gleich abzusehen, würde die Koordinaten nicht nur weiter in Richtung Westen verschieben. Man würde sich überdies vor der Erkenntnis drücken, dass die größten Revolutionen wahrscheinlich in der Vergangenheit liegen. Was immer in den kommenden Jahrhunderten an wunderbarer Musik entsteht, weil es unter schöpferischen Geistern wie unter Musikliebhabern nun einmal Bedürfnisse nach Neuem gibt, die keine einmal gebildete Tradition auf Dauer befriedigt, wird zumindest aus der Perspektive von Außerirdischen niemals das evolutionäre Gewicht bekommen, mit dem etwa die Mehrstimmigkeit in die Welt kam.

Die Voyager Golden Record kann dieses Neue, auf das wir uns künftig einstellen müssen, im Rahmen ihrer Mission nicht denken. Sie geht, und das hat mit der natürlichen Endlichkeit des Universums nur in zweiter Linie zu tun, von einem Untergang der Menschheit aus, deren Kulturen es festzuhalten gilt wie die Zivilisationen der Sumerer, Maya oder Azteken. Mitten in einem blühenden Leben, von dem niemand mit Bestimmtheit sagen kann, ob es seinen Ursprüngen näher ist als seinen letzten Momenten, fungiert die Golden Record als unser Testament.

7

Die Qin oder Guqin – die alte Qin, wenn man mit der ersten Silbe die antike Herkunft betonen will – hatte ich lange missachtet. Ich interessierte mich in erster Linie für indische Musik. Sie war melodisch und rhythmisch ungleich reicher, in Aufnahmen und Konzerten weiter verbreitet, und sie strahlte aus in die Bereiche von Rock und Jazz. Wie so viele war ich mit dem Sitargott Ravi Shankar und dessen Tablaspieler Alla Rakha aufgewachsen, um eines Tages zu entdecken, dass Shankars Lehrer, der Sarodvirtuose Allauddin Khan, einen zweiten Sitargott namens Nikhil Banerjee ausgebildet hatte, dessen Verbindung von klanglichem Glanz und geistiger Tiefe ich noch betörender fand.

Ich hatte mich sogar in die Kunst des südindischen Konnakol einweisen lassen, bevor die Grundlagen an fast jeder Ecke des Internets gelehrt wurden. Die Silbensprache modelliert die oft ungeraden rhythmischen Zyklen der karnatischen Musik, existiert in Form sogenannter Bols aber auch in einer nordindischen Variante. Insbesondere Tablaspieler führen sie gerne zungenbrecherisch vor, ehe sie das konsonantenreich Hingeratterte mit den Fingerkuppen auf den Ziegenhautfellen ihrer Trommeln wiederholen. Ich selbst war in Konnakol gerade einmal zu Zyklen mit sieben Schlägen vorgedrungen, deren Ta – Ka – Di – Mi – Ta – Ki – Da mir heute mangels Übung aber kaum noch über die Lippen kommt, obwohl das Gesprochene und dabei fingerweise in die Hand Geklopfte mich zugleich erregte und beruhigte.

In die Guqin verliebte ich mich, als ich ihr im Pekinger Baiyun Guan, dem daoistischen Tempelkloster der Weißen Wolken, zum ersten Mal leibhaftig begegnete. Der klingende Name täuscht über den billigen polytheistischen Zauber des Ortes hinweg. Wie in vielen anderen chinesischen Tempeln werfen sich die Besucher mit

Bündeln von Räucherstäbchen Hof um Hof vor obskuren Gottheiten nieder und treiben ihren Kuhhandel mit dem Schicksal. Die Mönche, Anhänger der Quanzhen-Schule, die Daoismus mit buddhistischen und konfuzianischen Elementen verbindet, durch ihre Haarknoten auf Anhieb zu erkennen, erwecken keinen besonders asketischen Eindruck. Mein Mann war das beste Beispiel. Er war auf dem Fahrrad durchs Klostertor gesaust gekommen, hatte sich eine Zigarette angesteckt und an seinem Smartphone herumgespielt, bevor er sich seiner Qin zuwandte, um sein tägliches Pensum zu absolvieren.

Ich weiß nicht, welches Stück er spielte. Das heißt: Ich dachte damals, die zauberische Einfachheit der pentatonischen Melodien mit den Flageoletttupfern sei vollkommen improvisiert. Auch wenn ich über oberflächliche Kenntnisse der Qin-Musik nie hinausgekommen bin, erscheint mir meine Ahnungslosigkeit in Bezug auf die Vielfalt der Schulen und Stile inzwischen grotesk. Wie rau klingt Guan Pinghus um Greifgeräusche wenig besorgte »Liu shui« gegen die elegante Leichtigkeit, mit der es Dai Xiaolian, Professorin am Konservatorium in Shanghai, intoniert, und welche Mittelwege schlagen Künstler wie Zeng Chengwei ein. Die Unterschiede sind nicht geringer zu veranschlagen, als Bachs »Wohltemperiertes Klavier« einmal von Svjatoslav Richter und einmal von Glenn Gould interpretiert zu hören.

Einmal selbst Qin zu spielen, wurde nach und nach zu einer fixen Idee, und dass, anders als die populärere Guzheng-Zither oder die Kniegeige Erhu, kein deutsches Musikgeschäft ein Exemplar auf Lager hatte, forderte mich doppelt heraus. Erst in jüngster Zeit haben Billiginstrumente nach Europa gefunden, mit denen nicht einmal Anfänger glücklich werden: Man hängt sie sich am besten einfach als Dekorationsstück an die Wand.

Tatsächlich wirkt die Qin zutraulicher als die furchterregend aussehende Sitar, und als Gitarrist bildete ich mir ein, dass sie mir, wenn schon nicht aufs Wort folgen, sich doch nicht völlig verweigern würde. Ich hatte jedenfalls die besten Absichten, als ich mich eine Sommerwoche lang bei einem Anfängerkurs der London Youlan Qin Society mit dem Instrument gutzustellen versuchte. Worüber ich inzwischen belustigt den Kopf schüttle, überforderte mich vom ersten Tag an. Ich war zum Aufgeben nur zu stolz und wollte mir weder meine musikalische noch meine kulturelle Beschränktheit eingestehen. Allmorgendlich brach ich von einem Universitätswohnheim unweit des Regent's Park, das während der Ferien an Gäste vermietet wurde, in Londons winzige Chinatown auf, wo der Unterricht stattfand, und trat nachmittags entnervt und niedergeschlagen den Rückzug an.

Wir waren ein bunter Haufen. Eine reizende Steuerberaterin von etwa 20 Jahren, die in Macao als Tochter eines chinesisch-französischen Paares geboren und in Avignon aufgewachsen war. Eine australische Theaterwissenschaftlerin, die ihr Herz an die Kunqu-Oper verloren hatte und ihren China-Wahnsinn komplettieren wollte. Eine Handvoll sinophiler Engländer und ein Dutzend entwurzelter Chinesen, die glaubten, ausgerechnet hier etwas von ihrer Tradition wiederzufinden, unter ihnen ein blitzgescheiter junger Anwalt mit Hongkonger Hintergrund, ohne dessen freundschaftlichen Beistand ich verloren gewesen wäre. Denn ich war der wohl unbegabteste Qin-Student, den die London Youlan Qin Society jemals gesehen hatte. Daran vermochte auch unser Lehrer, der brillante Charles Rupert Tsua aus Birmingham, seinerseits ein Schüler des erwähnten Zeng Chengwei, nichts zu ändern.

Jeden Morgen starrte mich mein edles Leihinstrument, die roten Troddeln rechts lässig über den Tischrand hinaushängend, von Neuem an. Das obere Ende, wo die Saiten zusammenlaufen, nennt sich das Zahnfleisch des Drachens, am unteren Ende, wo man stimmt, befinden sich Stirn und Zunge des Phönix, dessen Form sie als ganze nachgebildet ist. Die beiden Schalllöcher auf der Unterseite heißen Phönixteich (das kleine) und Drachenteich (das größere).

Mit ihren sieben über den bundlos lackglänzenden Körper gespannten Saiten lag die Qin vor mir und wartete darauf, über den gesamten Ambitus ihrer vier Oktaven plus einen Ganzton berührt zu werden. 245 Töne sind im Rahmen der Standardstimmung möglich, von der tiefsten, vom Spieler am weitesten entfernt liegenden Saite, einem kleinen C, bis zur höchsten Saite, einem eingestrichenen D. Sieben Töne ergeben die offenen Saiten, 147 die abgegriffenen und 91 Töne die Flageoletts.

Das Unglück beginnt damit, dass man nicht einfach eine Melodie spielen kann, die einem in den Sinn kommt. Alles Improvisierte oder gar Anarchische ist der Qin zuwider. Die wegen des stark gewölbten Stegs weit auseinanderstehenden Saiten sperren sich gegen wildes Zupfen, und so etwas Bescheidenes wie eine Tonleiter erfordert die motorische Kenntnis der Greifpositionen innerhalb eines Dezimalsystems entlang von 13 weiß markierten Punkten am Rand.

Die Qin ist wie jedes Instrument nicht unlogisch, weil ihre Klänge auf mathematisch berechenbaren Schwingungen beruhen, aber sie ist in hohem Maße kontraintuitiv. Sie bleibt auf Distanz, sie möchte, obwohl sie wie jedes Instrument eine menschliche Prothese ist, nicht aufs Geratewohl in Besitz genommen werden.

Die in der chinesischen Tabulatur Jianzi Pu festgehaltenen Stücke werden mit streng kodifizierten Fingersätzen gespielt - und das nicht ohne Not. Mit der linken Greifhand kommt man in Teufels Küche, wenn man glaubt, man könne sich seine eigenen Wege zusammensuchen, während die Rechte, nicht weniger ökonomisch organisiert, mit Zupf- und Stoßbewegungen in festgelegten Winkeln zu den Saiten operiert. Gou heißt etwa das kräftige Zupfen des Mittelfingers, der auf der nächsttieferen Saite zum Liegen kommt, Tiao das Schnippen von Daumen und Zeigefinger nach außen, Mo das Zupfen nach innen.

Das wahre Problem ist aber die linke Hand, die alle Slides und Ornamente bewerkstelligt. Der Daumen setzt zu seinen Glissandi im 90-Grad-Winkel nach rechts gekippt zwischen Fleisch und Nagel an, der Ringfinger in anatomischer Symmetrie mit der linken Außenseite. Nur Mittel- und Zeigefinger drücken mit der Kuppe die Saiten nieder – der kleine Finger hat nichts zu tun. Das Geheimnis liegt in der vollständigen Internalisierung und Automatisierung jeder äußeren Bewegung. Das ist in manchem der Praxis westlicher Solisten, sich einen Notentext anzueignen, um sich der Musik unvermittelt widmen zu können, vielleicht gar nicht so fremd. Aber auf der Qin zählt der Prozess mehr als das Ergebnis.

Nicht ohne Grund gehört das Spielen der Qin zu den »Vier Künsten des Gelehrten« im alten China, neben der Kalligrafie, in der es auch mindestens so sehr auf die Geste des Pinsels ankommt wie auf den Text selbst, das Spiel des Weiqi (oder Go) und die Malerei. Es geht um Selbstkultivierung, nicht um das Vorzeigen einer Fertigkeit vor Dritten. Vielleicht ist deshalb die Qin so leise, und vielleicht sagen manche deshalb, dass man sie am besten im Dunkeln spielt – nur nicht im Dunkel seiner selbst. Wie man die Qin allerdings in der freien Natur oder gar neben einem Wasserfall spielen soll, wie es zahlreiche Gemälde zeigen, bleibt mir ein Rätsel. Es muss der Versuch gewesen sein, sich den Geräuschen des Wassers und der Vögel nicht lautmalerisch gegenüberzustellen, sondern sich als Teil eines Zusammenhangs zu begreifen, dem die Kunst nicht als etwas Fremdes gegenübertritt.

Das streng kodifizierte Spiel und, mehr noch, die Tabulatur brachten mich schon nach dem ersten Tag fast um den Verstand. Unter Mühen brachte ich es noch fertig, die jeweilige Übung in ihren wesentlichen Mustern mitzuspielen. Sie hinterher noch einmal aus der Tabulatur zu rekonstruieren, gelang mir schon weniger. Während ich die chinesischen Zahlen für die Bezifferung der Saiten lesen konnte und auch die Greifpositionen innerhalb des Dezimalsystems einigermaßen verinnerlicht hatte, kämpfte ich vor allem mit der Koordination beider Hände. Jede Konzentration auf die Linke wirkte sich zuungunsten der Rechten aus und umgekehrt. Und es führte erst recht zu Verkrampfung, wenn Charles, der morgens lächelnd in einem Sommerhut ankam, wenig später in seinem schwarzen Professorentalar hinter mich trat und mir im Schweiße meines Angesichts die Finger zurechtbog.

Am Nachmittag des zweiten Tages wuchsen mir am linken Daumen und Ringfinger mächtige Blasen. Erst durch ein Heftpflaster, das sich immer wieder löste und die Saiten verklebte, wurden sie wieder einsatzfähig. Am dritten Tag trat der ganze Kurs mit verbundenen Fingern an. Wir waren inzwischen bei »Qiu feng ci« (Herbstwind) angekommen, einer der bekanntesten Melodien der Qin-Literatur, und auch die in ihrer Makellosigkeit unantastbare, anfangs perfekt manikürte chinesische Prinzessin, die nur mit ihrer Freundin in der Fortgeschrittenengruppe Kontakt aufnehmen wollte und von einer kurzen Mittagspause abgesehen acht Stunden am Stück durchspielte, ohne die Miene zu verziehen, sah reichlich gezaust aus.

»Don't forget your technique«, mahnte mich Charles, wenn ich wieder einmal dabei war, Ton für Ton die Tabulatur zu entziffern. In der kleinen Lehrerrunde nach dem kollektiv Durchgeackerten, dem ein jeweils viertelstündiger Einzelunterricht folgte, machte er allmählich einen Bogen um mich, um nicht jede meiner Dummheiten korrigieren zu müssen. Er wusste wohl, dass es bei mir nicht viel zu vergessen gab, weshalb ich ihm doppelt dankbar für die Handzeichen der Solmisation war, mit denen er uns wenigstens die Bewegungsrichtung der Melodien vorgab. Damit wir wussten, wonach wir uns strecken sollten, spielte Charles zum Abschluss des Tages immer noch eine kleine virtuose Extranummer, die uns vor Ungenügen im Boden versinken ließ. Wir aber applaudierten brav und erklärten, dass wir uns auf den nächsten Morgen freuen würden.

Am fünften Tag, ich war endlich guten Mutes, über den Berg zu sein, entwickelten sich die Dinge mit aller Macht rückwärts. Die Erwartung, dass es jetzt doch endlich einmal klappen müsste, sorgte für einen Druck, der sich zu einer akuten Krise verdichtete. Das Demütigende war auch, dass ich eine Niederlage in einem Bereich einstecken musste, für den ich mich eigentlich bestens gerüstet gefühlt hatte. Nach einer Woche fuhr ich erschöpft in den Lake District, durchwanderte von Ulverston bis nach Carlisle einmal den Cumbria Way, versank mit meinen Wanderschuhen knöcheltief im Matsch, verirrte mich bei Regen und Nebel mehrmals auf schlecht markierten Wegen, entging auf einer Weide knapp dem Tod durch einen wütenden Bullen aus einer Herde von Black Galloways und dachte: Wie leicht ist mir ums Herz, solange ich nicht vor einer Qin sitzen muss.

8

Zurückgekehrt stürzte ich mich einen Winter und einen Sommer lang in die Welt der hochschulischen Vortragsabende. Ein halbes Leben hatte mich ihr Name zuverlässig abgeschreckt, ohne dass ich wusste, was mir entgangen war. Die schmucklosen Ankündigungen, die nichts als eine Cello-, eine Gesangs-, eine Trompeten- oder eine Oboenklasse dieses Professors oder jener Professorin verhießen, klangen zu sehr nach pflichtbewussten Leistungsschauen, in denen stolze Eltern sich davon überzeugen wollten, gut in ihre Kinder investiert zu haben.

In gewisser Weise handelt es sich auch um spektakulär unspektakuläre Abende. Man kann aus ihnen nach knappen 60 Minuten entlassen werden, ohne jede Vorwarnung aber auch erst nach drei Stunden. Die auf 18 oder 19 Uhr angesetzten Konzerte finden meist vor schütter besetzten Reihen statt, in der kalten Jahreszeit zwischen Mantelbergen und mitgebrachten Einkaufstüten, in der warmen auch mal vor T-Shirts und kurzen Hosen, mit beschämender Regelmäßigkeit jedenfalls vor mehr Stativen mit digitalen Audio-und-Video-Recordern als vor lebendigen Gästen. Am Eingang bestenfalls ein Stapel kopierter Programmzettel, die sich mitunter schon im Augenblick der Lektüre erledigt haben. Kaum ein Abend vergeht ohne kurzfristige Ausfälle und veränderte Reihenfolgen, weshalb manchmal gleich Musik nach Ansage gespielt wird. Der Weg zur Bühne führt anders als in den Konzerthäusern oft durch die Saaltür, und sobald sie sich im Rücken des Publikums öffnet, tut man oft schon einen Blick in die Zukunft, indem man dem übernächsten Solisten beim Sicheinspielen zuhört. Auch Fetzen aus dem Konzert im anderen Stockwerk dringen gerne herein. Doch gerade die unfeierliche Umgebung macht das Mitreißende mancher Auftritte umso überraschender.

Das Außergewöhnliche geschieht immer dann, wenn die in wochenlangem Üben angestaute Energie auf dem Podium mit der Erwartungslosigkeit im Parkett reagiert. Bei allen Applaus- und Verneigungsritualen, die auch die Vortragsabende prägen, herrscht eine Generalprobenatmosphäre, aus deren Beiläufigkeit zwischen dem fast autistischen Dialog mit dem Werk und dem ersten Aufglimmen einer vorzeigbaren Bühnenpersona ein Band entsteht, mit dem keine Seite rechnet. Vor allem die höheren Semester leisten sich nie Routine: Wer hier spielt, spielt um sein Leben.

In den Augen eines imaginären Musikgottes, der alle vergangenen und zukünftigen Interpretationen im Blick hätte, reicht das als Kriterium natürlich nicht aus. Wer in den Mittelgebirgen sein Letztes gibt, ist noch keineswegs für den Olymp bereit. Trotzdem verleidete mir die restlose Verausgabung der Solistinnen und Solisten eine Weile gelassenere Auftritte auf höherem Niveau. Der Kontrast zu den begleitenden, in der Regel festangestellten Pianisten, die schon aus weitaus flüchtigerer Vertrautheit mit den jeweiligen Stücken auf Sparflamme agieren oder mit Klavierauszug auf dem Pult das fehlende Orchester simulieren, tat das Seine, um die Entschlossenheit der Solisten herauszustellen. Im späteren Musikalltag müssen sie sich schon aus Gründen des Selbstschutzes größere Zurückhaltung auferlegen.

Anfangs ließ ich mich von der schieren Masse des Angebots überwältigen. Im Fieber meiner Entdeckung pendelte ich unaufhörlich zwischen Ost und West, wo die beiden Hochschulen meiner Stadt in verstreuten Sälen Quartier bezogen hatten. Oft hätte ich mich schon vor Ort vierteilen müssen, um allen parallel stattfindenden Konzerten gerecht zu werden.

Die Vortragsabende ziehen ein eigenes Publikum an. Man kommt eher allein als paarweise, und nirgends zeigt sich ein massiverer Kontrast zwischen der Jugend auf der Bühne und dem Alter im Parkett. Neben Freunden und Familie findet sich ein Schlag musikalischer Sonderlinge ein, der nach den Raritäten giert, die im normalen Konzertleben kaum eine Rolle spielen.

Hier bin ich zum ersten Mal Heinz Holligers Stücken für Solooboe begegnet. Hier bin ich glücklich auf die polnische Neoklassizistin Grażyna Bacewicz gestoßen. Und hier hörte ich eines Abends das Solokonzert E-Dur für Kontrabass von Carl Ditters von Dittersdorf wieder, dessen Flageolettpassagen im ersten Satz mich Jahrzehnte zuvor bis in den Schlaf verfolgt hatten. Ich wohnte zwei Stockwerke über einem Kontrabassstudenten, der dieses Konzert, das er in immer neuen Anläufen vergeblich in Angriff nahm, zu seinem Renommierstück erkoren hatte. Nach so langer Zeit erlebte ich es als eine Teufelsaustreibung.

Unter den wunderlichen Besuchern der Vortragsabende sind Existenzen, die sich zwar unauffällig verhalten, aber als fußlahme, dezent ungepflegte, olfaktorisch suspekte, grau gewordene Stammgäste spätestens beim dritten Wiedersehen als die Unbehausten in Erscheinung treten, die sie sind. Musikalische Buffetnomaden, die dank des freien Eintritts und mangels anderer Beschäftigung öffentliche Räume frequentieren und angesichts ihrer Dauerpräsenz zwischen Ost und West eine für ihre Konstitution erstaunliche Ausdauer besitzen. Es gibt diese Unbehausten auch in Bibliotheken, wo sie an festen Plätzen den Eindruck erwecken, ein gigantisches Lebenswerk voranzutreiben. Tatsächlich scheinen sie zwischen Bücherbergen und Zettelkästen zwanghaft an etwas gekettet, dessen Sinnlosigkeit ihnen zugleich gegenwärtig ist.

Die Vortragsabende sind auch Labore kultureller Vielfalt. Nicht, dass die Japaner, Chinesen und Koreaner den Europäern grundsätzlich überlegen wären. Doch die selbstverständliche Körperlichkeit, mit der ich sie in ihre Werke hineinschlüpfen sah, machte mich neidisch. Es wäre reiner Hochmut, ihnen nachzusagen, sie würden die Substanz der barocken oder der romantischen Tradition nicht erfassen. Insbesondere Chinesen können besinnungslos sentimental und schwärmerisch sein. Wie jeder, der in die

Phraseologie bestimmter Stile eingewiesen ist, folgen schließlich auch sie nur Notentexten mit vorgegebenen Tonhöhen, Rhythmen und Vortragsbezeichnungen sowie den Ratschlägen ihrer Lehrer. Sie führen eine Musik auf, die der Trennung von Komponist und Interpret gehorcht und nur darauf wartet, wachgeküsst zu werden.

Ein Stück lutherischer Prägung mag helfen, sich Bachs liturgische Welt schneller zu erschließen; auch eine Reise an die Orte seines Wirkens, nach Weimar, Köthen oder Leipzig, kann nicht schaden. Jeder tut gut daran, sich mit den Landschaften, den persönlichen und historischen Umständen auseinanderzusetzen, die Einfluss auf die Entstehung bestimmter Schulen, Stile oder Tonsysteme haben. Auf einer einfachen Ebene ist alle Musik jedoch erst einmal Imitation, bevor sie sich in einer paradoxen Bewegung unter Einhaltung aller Vorschriften im selben Moment von diesen löst.

Die westliche Kunstmusik pfeift auf den Verdacht illegitimer Aneignung - nicht zuletzt weil sie selbst ausgesprochen aneignungswillig ist. Authentizität liegt ihr höchstens im Zusammenhang mit historischen Aufführungspraxen am Herzen. Ob Antonin Dvořák in seiner Symphonie *Aus der Neuen Welt* den melodiösen Geist der Afroamerikaner und der Ureinwohner beschwor, Claude Debussy im *Prélude à l'après-midi d'un faune* seine Faszination für die javanische Gamelan-Musik auslebte oder Gustav Mahler im *Lied von der Erde* Hans Bethges Nachdichtungen antiker chinesischer Poesie mit pentatonischen Motiven huldigte: Spätestens seit dem Ende des 19. Jahrhunderts treibt sie etwas schlechthin Universelles an.

Seitdem hat sie, Beethoven steht dafür exemplarisch, erst in Japan, dann in China Fuß gefasst. Von volkstümlichen Sitten und Erfahrungen, wie sie zum schwarzen Countryblues oder zum bayerischen Schuhplatteln gehören, will sie so wenig wissen wie von den diffizilen hochkulturellen Codes der chinesischen Kunqu-Oper oder den höfischen Ritualen der japanischen Gagaku-Musik. Auf ihre Weise verfolgt sie einen demokratischen Traum.

Heute noch gehe ich hin und wieder zu Vortragsabenden, aber ich bin nicht mehr der unsichtbare Gast, der ich zunächst war. Mehr und mehr fühle ich mich erkannt und lasse mich vom stillen Elend der anderen Besucher anstecken, indem ich mich selbst als eine jener hoffnungslos vereinsamten, die Treppen zu den Konzertsälen emporhinkenden Gestalten zu sehen beginne, in die ich mich noch früh genug verwandeln werde.

9

Über Musik, dachte ich anfangs, sollte man schreiben, ohne sich auf konkrete Stücke zu beziehen. Es gibt schon genug in Worten seelischer Bewegtheit schwelgende Gefühlsabdrucksprosa, die ein klingendes Geschehen, ohne die einfachsten analytischen Ansprüche zu erfüllen, unter einem Wust von Adjektiven erstickt. Was soll so schwer daran sein, das Eine, als das sich Musik durch alle Formen hindurch erfahren lässt, direkt zu adressieren? Ich jagte wohl einer Art Weltformel nach, die unter Umgehung aller bekannten Stile und Traditionen gleich auf das Wesentliche zielt. Die bloße Nuance, die für mich als Jugendlicher zwischen dem Gekrächze von Captain Beefheart auf *Trout Mask Replica* und den Tempelgesängen tibetischer Mönche zu liegen schien, die ich in einer Aufnahme französischer Ethnologen aus dem Plattenladen nach Hause trug, als wären sie ein Schatz, den ich als Erster und Einziger aus dem Staub des Himalayas gekratzt hatte, wuchs sich zwar bald zum Abgrund aus: Insgeheim wusste ich immer, dass das Eine nicht ohne das Viele zu haben ist. Der Gedanke aber behielt seinen Charme.

Nur wie, außer in mystischen Traktaten, die Musik als das Echo himmlischer Sphären beschwören, ließ sich ihm gerecht werden? Wo man das Wesentliche umarmt, übergeht man gerne das allzu Irdische, ohne dass ein neues Vokabular zur Verfügung steht. Insbesondere Musik als Naturgewalt in allen Abstufungen von Wind, Schnee und Regen, Donner und Blitz zu begreifen, ist eine uralte Assoziation, und dass Musik selbst auf diese Erfahrungen zurückgreift, macht die Sache nicht einfacher. Vivaldi, der sich durch alle vier Jahreszeiten kämpft, oder Beethovens *Pastorale*, die erst ein Gewitter aufziehen lässt, um in einem »Hirtengesang« anschließend »frohe, dankbare Gefühle nach dem

Sturm« zu feiern, bestimmen noch immer die metaphorische Großwetterlage.

Warum auch nicht? Die einschlägigen Bilder und Vergleiche illustrieren das Bewusstsein, dass es etwas gibt, das größer ist als man selbst, und sie machen die Idee des Überpersönlichen am Beispiel vertrauter Phänomene kenntlich. Man vergisst höchstens, dass sich auch in vermeintlich universellen Naturbildern ein kultureller Bodensatz verbirgt: akustisch, weil tropische Regenzeiten nun einmal ein anderes Gedächtnis ausbilden als europäische Wolkenbrüche; mental, weil sich in diesen Erfahrungen unterschiedliche Grade von Verbundenheit mit den Elementen, von Schutzbedürftigkeit und Ausgeliefertsein ausdrücken.

Mein kleines, schwaches, flatterhaftes Ich bildet in jedem Fall das Einfallstor einer Erfahrung, die das eine nur unter der Bedingung erreicht, dass sie sich zuvor im Einzelnen verliert: Das Konkrete in einem gegebenen Moment ist ihre Voraussetzung. Insofern hänge ich unvermeidlich am Tropf meiner Hörbiografie, sosehr ich mich bemühe, sie hinter mir zu lassen.

Zu ihr gehören auch fiktive Welten. Schon früh haben mich die absatzlosen Wortfluten von Alejo Carpentiers Roman *Die verlorenen Pfade* auf dem Orinoco in den venezolanischen Dschungel davongetragen. Der Held, ein an einer schweren Lebens- und Schaffenskrise laborierender Komponist und Musikwissenschaftler, soll von dort Instrumente der Indigenen für eine Museumssammlung mitbringen. Die Suche nach den Anfängen der Musik verbindet ihn wieder mit seiner eigenen schöpferischen Kraft, die sich ausgerechnet an einer Vertonung von Shelleys lyrischem Drama *Der entfesselte Prometheus* austobt.

Carpentiers Roman, auch ein Gegenentwurf zu Joseph Conrads *Herz der Finsternis*, kam nicht ohne Erweckungskitsch aus, der oft entsteht, wenn die unendliche Verfeinerung des zivilisatorischen Geistes gegen das Ganzheitliche einer sogenannten primitiven Kultur ausgespielt wird. Der Ich-Erzähler befindet sich zu allem Überfluss auf der Flucht vor seiner Ehefrau. Die Geliebte an seiner Seite begehrt zusehends auf, sodass er erst in den Armen einer Einheimischen, Rosario, inmitten ihres Urwalddorfes Frieden findet. Doch Carpentier, der mit seinem Roman letztlich nicht über eine Befreiungsfantasie aus der Gefangenschaft des abendländischen Denkens hinauskommt, verleiht seiner Verschmelzungssehnsucht mit dem Anderen eine so schillernde Ambivalenz, dass sie das Überorchestrierte seines Versuchs vergessen macht.

Wie viele hatte ich außerdem gerätselt, ob sich hinter den fünf magischen, Swann und Odette verbindenden Tönen aus der Violinsonate des imaginären Komponisten Vinteuil im ersten Band von Marcel Prousts *Auf der Suche nach der verlorenen Zeit* ein reales Vorbild verbarg, und suchte die »petite phrase« bei César Franck und Reynaldo Hahn. Ich hatte mich, bis ich Thomas Manns habitueller Ironie überdrüssig wurde, begierig durch den *Doktor Faustus* gelesen, der die Kompositionen des Tonsetzers Adrian Leverkühn mit einem von Theodor W. Adorno angeleiteten Sachverstand und irrwitziger Virtuosität erfand. Als Roman einer auf eine totalitäre Verirrung zusteuernden Epoche nötigt er mir tiefe Bewunderung, aber eben keine Zuneigung ab. Nicht anders geht es mir mit dem zweiten großen deutschen Komponisten- und Künstlerepos, Hans Henny Jahnns Romantrilogie *Fluss ohne Ufer* und insbesondere deren Mittelteil, der »Niederschrift des Gustav Anias Horn«.

Im Gegensatz zur silbrigen Beweglichkeit von Manns Satzgeweben kriecht einem bei Jahnn etwas unheilvoll Schleppendes, das sich mitunter zum finster-orgiastischen Brausen auswächst, unter die Schädeldecke. Ich erinnere mich an Horns Abneigung gegen Johann Sebastian Bachs vernunftgesteuerten Pietismus und seine Hinwendung zu der ihm ungleich weltlicher, ja erotischer erscheinenden, gleichwohl geistlichen Musik von Dietrich Buxtehude. Vorlieben, die der autodidaktische Orgelbauer Jahnn ausdrücklich teilte. Mehr noch aber ist mir Horns Entdeckung eines von gestanzten Papierrollen gesteuerten Selbstspielklaviers im argentinischen Bahía Blanca im Gedächtnis geblieben, mit dem er sich in einen fantastischen Mensch-Maschine-Dialog begibt. Es entfesselte in ihm den Traum von einer abstrakten Musik, die sich zumindest auf ihrem Speichermedium, dem Papier, nach rein grafischen Aspekten betrachten lässt und Flächen und Räume von unterschiedlichster Dichte hervorbringt.

Was allein in diese beiden Werke an musikphilosophischen Grundüberlegungen eingegangen ist, kann man kaum handlich rekapitulieren: Regalmeter an Sekundärliteratur zeugen davon. Man könnte sogar argwöhnen, dass das Nachdenken über Musik inzwischen jede ihrerseits beständig nachströmende Musik überwuchert. Mit George Steiner könnte man also im Namen »realer Gegenwart« einen Grundverdacht gegen ein allgegenwärtiges Parasitentum hegen. Doch gerade bei der Musik verhält es sich damit komplizierter als bei der Literatur, der man nun einmal in ihrem ureigenen Element gegenübertritt.

Vor Jahren habe ich mich, ohne daran zu zweifeln, ein Wurm zu sein, der vergeblich unter all diesen literarischen Denkkathedralen hindurchzukriechen versucht, selbst einmal an einer musikalischen Erzählung versucht. In der Hoffnung, das Substrat einer sehr viel kleineren Sache einzufangen, erfand ich den Auftritt eines Klaviertrios in einem zum Jazzclub umgebauten Wasserwerk. Das Wort Jazz fiel so wenig wie ein einziger realer Name. Doch ich täuschte mich wohl, wenn ich glaubte, dass der schlicht »Konzert« überschriebene Abend, der auf Realien wie die Bestandteile eines Schlagzeugs und ein musikalisches Grundvokabular nicht ganz verzichten konnte, für jeden halbwegs Kundigen nicht sofort als das zu erkennen war, was er nachbildete.

Es war eine reichlich neurotische Bande, die ich auf die Bühne schickte. Das Plakat an der Clubtür versprach: »MENAGERIE À TROIS. Fuchs (Klavier). Hecht (Bass). Pfau (Schlagzeug). Special Guest: Die Königin. Eintritt 25 Mark.« Und wenn der Witz dieses Konzerts nicht zuletzt darin bestand, dass es außermusikalisch wirkende Nebensächlichkeiten zu einem Netz verwob, ohne die auch das Hauptsächliche nicht entstanden wäre, drückte sich der Text keineswegs um eine weit übers Atmosphärische hinausgehende Beschreibung musikalischer Ereignisse.

»Schon um fünf vor zehn«, heißt es, »drängen Fuchs, Hecht und Pfau aus der Garderobe, Fuchs vorneweg, ein Handtuch über der linken Schulter, der General bläst zum Angriff auf 173 zahlende Gäste, und er lässt sich auf den Klavierhocker fallen und fegt mit geballten Fäusten einmal quer über die Klaviatur, trillert sich in den oberen Lagen fest, Faust links, Faust rechts, Faust links, Faust rechts, immer schneller, wer kann noch erkennen, welche Seite, ein weißes Wirbeln, das sich ausbreitet und auf das Schlagzeug übergreift, wo Pfau, der schmale, ewig lungenkrank wirkende Pfau, urplötzlich von einem seltsamen Zorn gepackt wird, er will dieses Schrillen und Klirren nicht weiter anwachsen lassen, und er pumpt mit harten regelmäßigen Schlägen Ordnung in die Tobsucht, und Hecht geht mit einem Riff dazwischen, das unbedingt Pfau recht gibt, und aus den Trümmern der Klavierattacke tauchen die Umrisse von Cut your Cat auf, was die Kenner unter den Zuhörern jubelnd begrüßen, drei unaufhörlich wiederholte Signaltöne, bei denen am Ende alle mitskandieren: Cut! Your! Cat!, bevor Hecht noch mitten im Beifall eines seiner absichtsvoll auf das Griffbrett klatschenden Basssoli beginnt.«

Ich streue einige Zeilen dieser Geschichte ein, um mir auszumalen, wie es klingen würde, wenn ihnen jemand wirkliches Leben einhaucht. Was allerdings wäre schon ein »wirkliches« Leben? Müssten die skizzierten Stücke tatsächlich erst von Schallwellen animiert werden, um sie der Fiktion zu entreißen? War meine Art der Notation für eine Musik, die über weite Strecken improvisiert sein sollte, nicht nur die schemenhafteste aller möglichen Varianten? Letztlich ist jede Musik, ob sie ihre Anweisungen nun grafisch, in mündlicher Überlieferung oder als Notentext festhält, von Grund auf ausgedacht – und zugleich bereits auf dem

Papier vollkommen wirklich. Musik nach dezenten Fingerzeigen. Musik nach exakten Vorschriften. Musik nach im Körpergedächtnis gespeicherten rituellen Regeln. Musik ohne Absprachen, die sich ihre eigenen Gesetze schafft.

Zu meinen eindrücklichsten Erlebnissen gehört denn auch ein Klavierkonzert in der Pariser Salle de Géographie mit der famosen Madame Berthe Trépat, das nie stattgefunden hat. Dennoch habe ich es im 23. Kapitel von Julio Cortázars Roman *Rayuela – Himmel und Hölle* in Begleitung seines Protagonisten Horacio Oliveira, einem Argentinier an der Seine wie Cortázar selbst, immer wieder mit der größten Begeisterung gehört. Inzwischen meine ich, die drei erhaben-lächerlichen Stücke, mit denen die Pianistin die ohnehin schüttere Zuhörerschaft im Lauf der Aufführung fast vollständig aus dem Saal treibt, in- und auswendig zu kennen.

Vor allem die Erstaufführung von Rose Bobs »Trois mouvements discontinus« tönt mir in den Ohren, ein Stück Musik, dessen autonome Klangzellen, wie es aus dem Munde eines hängebackigen Faktotums heißt, sich zu einer »antistrukturellen Konstruktion« fügen sollen. Die 32 zerdehnten, von Cortázar Pause um Pause gründlich ausgekosteten Akkorde des ersten Satzes, die angeblich vom »heftigen Zuschlagen einer Tür im Geiste der Künstlerin« inspiriert sind, zeichnen ein satirisches Bild dessen, was sich böse Menschen unter Neuer Musik vorstellen. Inmitten des modrigen Saalambientes gewinnen sie jedoch eine ungewöhnliche Würde, der man sich so wenig entziehen kann wie dem Charme von Madame Trépat, die, in ein Korsett gepresst, marionettenhaft über die Bühne ruckelt.

Berthe Trépat ist übrigens wie alle zentralen Charaktere von *Rayuela* vor einigen Jahren auf einem Album des Saxophonisten Miguel Zenón und des Pianisten Laurent Coq lebendig geworden. Die Flötisten Pierre Hamon und Esteban Valdivia haben sich für ihr Programm »Los pasos perdidos« von Alejo Carpentier inspirieren lassen. Geoffrey Gordon hat ein Cellokonzert nach Thomas

Manns *Faustus*-Roman geschrieben. Und Wolfgang Rihm hat ein »Triptychon« im Gedenken an Hans Henny Jahnn komponiert, das auch eine Passage aus der »Niederschrift« vertont: »Könnten wir ihn fürchten, IHN, am Rande der Zeit, einen Boten des bebenden Schweigens, IHN, den Flüsse furchtsamen Blutes umströmen, dessen schwarze Strahlen, funkelnde Sicheln, vor den Lauf aller Gehetzten gestellt sind, IHN, den brünstigen, unersättlichen, ewig mageren Tod – wenn wir seine rissigen hässlichen Schultern nicht vorher gesehen?« Schrift und Klang spielen sich ihre Echos munter hin und her.

10

Unter den Ohrwürmern, die mich oft aus heiterem Himmel überfallen, ist »India Song« der hartnäckigste. Ich würde mich gerne an die Zeit erinnern können, in der ich von der Unentrinnbarkeit dieser Melodie so wenig ahnte wie Marguerite Duras. Noch beim Schreiben ihres gleichnamigen Bühnenstücks war sie eine bloße Idee, und auch bei meiner Lektüre, der frühesten Begegnung mit ihren somnambulen Szenerien, in die ich danach regelrecht hineingesogen wurde, bezeichnete sie eine Leerstelle. Anders als Beethovens 14. Diabelli-Variation, die in den Tagen des Sommermonsuns die koloniale Welt von Duras' Indien, das so auf keiner Landkarte verzeichnet ist, durchweht, verharrte sie wie die vier unsichtbaren Stimmen, die das Geschehen kommentieren, in einem schattenhaften Jenseits.

Wie klingt etwas, das nur auf dem Papier existiert? Von den beiden namenlosen Frauenstimmen, die die Geister einer vernichtenden Liebesleidenschaft am Ufer des Ganges bannen sollten, hieß es immerhin, sie seien von Verderben bringendem Wohllaut. »Sie sprechen untereinander«, lautete die Anweisung von Marguerite Duras, die auch für die beiden als ruhiger charakterisierten Männerstimmen galt. »Sie wissen nicht, dass man ihnen zuhört.« Und so konnte man sich einbilden, dem, was sie sich über Anne-Marie Stretter zuraunen, die im Indischen Ozean ertrunkene und hier doch noch einmal in ihrer verführerischen Kraft auflebende Liebesgöttin im Mittelpunkt dieses Begehrensballetts, mehr oder weniger heimlich zu lauschen.

India Song nahm mehr Gestalt an, als ich Marguerite Duras' Verfilmung des Stücks, das es seinerzeit nie auf die Bühne schaffte, wenige Jahre später an einem Juninachmittag in Paris sah, irgendwo auf der Rive Gauche, zu einer Zeit, in der man nach Frankreich fahren musste, um seine Kinoleidenschaft auszuleben. Während die Autorin den Liebenden noch Dialoge in den Mund gelegt hatte, trennte die Regisseurin auf der Leinwand Stimmen und Szene konsequent. All die elegischen, wiederholungssüchtigen Sätze, die jeden Text von Marguerite Duras bis zur Manier durchziehen, ertönen aus dem Off. Anne-Marie Stretter, die Frau des französischen Botschafters in Kalkutta, ihr abgelegter Geliebter, französischer Vizekonsul im pakistanischen Lahore, der Schreie der Verzweiflung ausstößt, der aktuelle Liebhaber Michael Richardson und der österreichische Attaché, der erst noch ihrem Zauber verfallen muss, traumwandeln stumm durch dämmrige Salons. Wie Unterwasserpflanzen wiegen sie sich um Delphine Seyrig, ihre Ophelia, eine schauspielerische Hülle, die der Nachstellung des von Zeit und Raum längst nicht mehr eingehegten Geschehens wie Michael Lonsdale, Mathieu Carrière und Claude Mann ihren Körper leiht.

Mit diesen tief in sich versunkenen Geschöpfen nahm, komponiert von dem Argentinier Carlos D'Alessio, auch die Titelmelodie von *India Song* Kontur an. Sie existiere noch nicht, hatte Marguerite Duras in ihrem Manuskript angemerkt. Wenn es sie aber einmal gebe, solle sie in allen Aufführungen Verwendung finden. Lediglich unterbrochen von ein paar Takten Beethoven oder einem Tango, kreiselt sie sich mit ihrem müden Stolz zwei Stunden lang ins Gedächtnis. Die hypnotische Schlichtheit der Komposition, durch die noch Richard Rodgers' und Lorenz Harts Jazzstandard »Blue Moon« schimmert, der ursprünglich zum Einsatz kommen sollte, lebt von nicht mehr als einem sanft synkopierten Blues in C-Moll, der zwischendurch nach Dur, in seine Paralleltonart, ausweicht, ohne seine elegante Fahlheit abzulegen.

Das frühsommerliche Paris schmeckte schal nach diesen Exzessen der Künstlichkeit, die das wirkliche Indien, das von den Stimmen vielfach beschworene Land des Hungers, des Elends und der Lepra, nur auf Rufweite an sich heranlassen. Im Singsang einer unsichtbaren Bettlerin macht es sich bemerkbar und tritt der Zerrüttung gegenüber, mit der sich die luxurierenden Schemen hinter herrschaftlichen Mauern und einem Kordon westlicher Musik eingeschlossen haben.

Das Frappierende war, dass Marguerite Duras und ihr Kameramann Bruno Nuytten diesen Phantomreigen größtenteils wenige Kilometer entfernt, im Schloss der Familie Rothschild in Boulogne-Billancourt, gedreht hatten. Man mag darin eine Verstärkung der kolonialen Geste erkennen, die in *India Song* unweigerlich anwesend ist: die Weigerung, sich einer unteilbaren Realität auszusetzen. Man kann es aber auch als die Radikalisierung einer Erfahrung verstehen, die Marguerite Duras aus ihrer ärmlichen Kindheit in Indochina mit nach Frankreich nahm und in zahllosen Variationen umtrieb: wo und wie nämlich die Grenze zwischen dem eigenen kleinen Leben und gesellschaftlichen oder geschichtlichen Ereignissen überhaupt zu ziehen ist.

Das Lied, einmal in Töne gesetzt, war jedenfalls in der Welt und verbreitete sich. Gérard Depardieu hatte es, noch unkenntlich, im Vorgängerfilm *La Femme du Gange* gesummt; Catherine Sellers intonierte es darin sogar mit einem lauten La-la-la. Flügge wurde es, als ihm Marguerite Duras nachträglich einen Text schenkte. »Chanson qui ne veut rien dire« gefiel sich im Selbstwiderspruch, nichts und alles sagen zu wollen, und Jeanne Moreau, im Film selbst nicht zu hören, machte die gesungene Unaussprechlichkeit zu einem Evergreen, der seither zahlreiche Interpretationen erfahren hat: »Chanson, / Toi qui ne veux rien dire / Toi qui me parles d'elle / Et toi qui me dis tout«.

Unaussprechlich war die Liebe, die darin bekundet wurde. Unaussprechlich war im Grunde schon der Wunsch, als Lied nichts bedeuten zu wollen, aussprechbar höchstens dadurch, dass damit eine Spannung benannt wird, die das Verhältnis von Musik und Literatur seit jeher prägt. Die beiden Künste blicken abwechselnd aufeinander herab und zueinander hoch. Im Bemühen, sich der

Vorzüge der jeweils anderen zu bedienen, nämlich mit Musik, auch der abstraktesten, etwas zu erzählen und mit Literatur ins rein Klangliche vorzustoßen, bleiben sie stets auf halbem Weg stecken und gerade dadurch aneinander gekettet.

11

Während Musik einen Raum erzeugt, der tendenziell jede Absicht neutralisiert, die ihr ein Komponist oder Improvisator auflädt, ist dies der Literatur im Grunde unmöglich – es sei denn, Musik sucht bewusst das Dazwischen wie Dieter Schnebel in seinen »Glossolalien«, oder Literatur verschreibt sich wie Kurt Schwitters in der »Ursonate« einer vermeintlich absoluten Lautpoesie. Doch selbst durch sie huschen Konsonantenballungen, Umlautorgien und Vokaldehnungen, in denen sich zahlreiche Gefühlslagen und semantisch vertraute Silbenreste verstecken.

Jenseits der alten Streitfrage, ob sich Musik als Sprache auffassen lässt, eine Frage, die Theodor W. Adorno zugunsten bloßer Sprachähnlichkeit entscheiden wollte, erreicht keine noch so stark auf Autonomie pochende Wortmusik die Sinnleere von Tonarchitekturen. Nicht, dass diese nach den Regeln ihrer jeweiligen kulturellen Tradition keine Bilder und Emotionen freisetzen oder ein Empfinden für Balance, Stimmigkeit, ja Korrektheit ausbilden würden. Doch schon die rein mathematische Verteilung von Intervallen innerhalb der Oktave verleiht ihnen den Charakter bloßer Konventionen. Diese Übereinkünfte lassen sich vermitteln und erlernen, aber nicht wie Sprachen ineinander übersetzen.

Allein die zwölf Halbtonschritte der westlichen Musik bieten mit mitteltönigen oder reinen Stimmungen Alternativen zum temperierten Standard. Der Amerikaner Ben Johnston zum Beispiel, der auf den Spuren von Harry Partch zehn Streichquartette für rein gestimmte Instrumente komponierte, hat weniger an den Grundfesten der Tonalität gerüttelt als so mancher Serialist. Er schafft für das Empfinden von Konsonanz und Dissonanz nur andere Irritationen: Johnstons eklektische Stücke führen allein durch die winzige Abweichung von den gängigen, zu einer zweiten

Natur gewordenen Frequenzverhältnissen in ein befremdliches Universum. Wie weit hinaus aus allem Gewohnten begibt man sich erst mit den Shruti, den 22 gleichmäßigen Mikrointervallen der indischen Oktave, oder den 24 Stufen der arabischen und persischen Musik.

Adorno, der von außereuropäischen Kulturen herzlich wenig wusste und auch gegenüber dem Jazz Unverständnis zeigte, hat in einem musikphilosophischen Fragment dennoch alles Entscheidende zur Beziehung von Tönen und Wörtern festgehalten. In der Intentionslosigkeit von Musik, die zugleich von Absichten durchwirkt sei, entdeckte er theologische Restbestände: »Was sie sagt, ist in der Aussage bestimmt zugleich und verborgen«, schreibt er. »Ihre Idee ist die Gestalt des göttlichen Namens. Sie ist entmythologisiertes Gebet, befreit von der Magie des Einwirkens.«

Ihm stand dabei zweifellos komponierte Musik vor Augen. Denn er brachte den Unterschied auf die Formel: »Sprache interpretieren heißt: Sprache verstehen. Musik interpretieren: Musik machen.« Musik, so Adorno, sei Nachahmung, nicht Dechiffrierung: »Nur in der mimetischen Praxis, die freilich zur stummen Imagination sublimiert sein mag nach Art des stummen Lesens, erschließt sich Musik; niemals einer Betrachtung, die sie unabhängig in ihrem Vollzug deutet.« Die Rede ist von Musik als einer Schrift, die ihrer tönenden Vergegenwärtigung vorausgeht. Zugleich wird kaum ein Komponist im handwerklich luftleeren Raum operieren. Zwischen dem, was er sich vorstellt, dem, was er vielleicht am Klavier ausprobiert, und dem, was er auf dem Papier ausarbeitet, herrscht ein praktisch-sinnliches Verhältnis. Der Notentext bildet dabei nur einen Zwischenspeicher: Er ist weder Anfang noch Ende einer Komposition. Unabhängig davon unterscheiden sich musikalische Kulturen durch den Grad ihrer Schriftbezogenheit.

Am schriftgesättigten Ende thront noch immer Johann Sebastian Bach. Seine letzte große Komposition, die unvollendete

»Kunst der Fuge«, ist als Notentext eine Ruine – und ein Meisterwerk. Sie mag erst unter den Händen eines Pianisten wie Pierre-Laurent Aimard in der ganzen Herrlichkeit ihrer konstruktiven Klarheit erstrahlen, insofern Bach, der sie keinem bestimmten Instrument zuschrieb, am ehesten Tasten im Sinn hatte. Ihr kühner, aus den schlichten vier Takten des Ausgangsthemas gewonnener Abstraktionsgeist erschließt sich auch demjenigen, der ihm mühselig hinterherklimpert. Vielleicht ließe sich Bachs kontrapunktischer Raffinesse, ihrem Gleichgewicht von Antizipation und Überraschung, hier noch ein Ton hinzufügen und dort einer wegnehmen: Innerhalb der historischen Grenzen ihres Vokabulars hat diese Musik ihren Idealzustand erreicht. Sie ist, ganz gegen Alfred Korzybkis populäres Theorem, eine bis ins kleinste Detail modellierte Landkarte und das reale Gebiet in einem.

Dagegen zehrt das Repertoire des Qin-Virtuosen Wu Jinglue geradezu von einem Übermaß an toter Schrift. Es folgt bei allen Freiheiten, die sich der Vater nahm und die sein Sohn Wu Wenguang in westlicher Notenschrift noch einmal transkribierte, kanonisierten Stücken. Man kommt ihnen nicht einmal nahe, wenn man sie ohne das Höchstmaß innerer Beteiligung, das er ihnen angedeihen ließ, textgetreu nachspielt. Mehr als in jeder westlichen Musik, deren größte Interpreten die Schrift als Schrift auch hinter sich lassen, ist jeder einzelne Ton hier lebendige Artikulation – der denkbar größte Widerspruch zwischen seiner Erschaffung im Moment und einem jahrtausendealten Ablaufplan.

Die festgelegten Tonfolgen, die wiederum das monophone Gerüst der zahllosen Morgen- und Abendragas in der indischen Musik ausmachen, lassen nur noch Strukturen durchschimmern, die es zu umspielen gilt. Sie stehen für die Ordnung einer im Wesentlichen mündlichen Tradition, die sich jedes Mal von Neuem als solche aktualisiert. Auch wo Musik in der freien Improvisation jede Verabredung hinter sich zu lassen versucht, folgt sie spontanen Regeln. Aus der Kontingenz des Augenblicks versucht sie, eine innere Notwendigkeit zu gestalten. Dabei kommt sie, so wütend sie gegen bestehende Idiome anrennen mag, allerdings nicht ohne ein konkretes Vokabular aus; und sie verfügt, wenn man sie transkribiert ins Reich der Schrift zurückführt, im besten Fall über eine nicht minder schlüssige Architektur oder energetische Logik als das durchgeschriebene Werk. Sie könnte, wenn sie damit nicht gegen ihre eigene Idee verstoßen würde, sich sofort zur neuen Spielanweisung erheben.

Schriftsprache kann solche improvisierten und aleatorischen Prozesse nur imitieren. Auch sie kennt unterschiedliche Geschwindigkeiten. Hingeworfenes, das sich als Hingeworfenes zu erkennen gibt. Dahingesagtes, das, mehrfach überarbeitet, den Aggregatszustand wechselt. Pseudospontanes, das unter unendlichen Mühen geboren wurde. Das Ergebnis gibt die Entstehung nicht unbedingt preis, denn es ruft immer schon einer verlorenen Gegenwart hinterher. Gleichmütig reiht sich Buchstabe an Buchstabe: ein Wald der Laute, durch den ein Sinn rauscht, der allmählich zu Wörtern und Sätzen aushärtet. Doch Phrase bleibt hier Phrase. Der frische Atem, der sich auch der verbrauchtesten Tonfolge einhauchen lässt, gehört der Musik allein.

12

Als Kind habe ich eine Weile davon geträumt, Kontrabassist zu werden. Naiv, wie solche Vorstellungen oft sind, wollte ich damit keineswegs das Erbe meines Großvaters antreten. Als Multiinstrumentalist mit Schwerpunkt Kontrabass hatte er bei der Wehrmacht den Krieg überlebt, kam danach aber beruflich nicht mehr auf die Beine. Die Vertreibung aus dem Egerland, wo er eine Musikschule betrieben hatte, traf ihn zu spät im Leben. Für magere Honorare half er in Orchestern aus und starb, kurz bevor ich geboren wurde.

Ich weiß nicht mehr, aus welcher Dachkammer und welchen großväterlichen Beständen sich eines Tages ein hochgewachsenes Prachtexemplar, an das ich nicht annähernd heranreichte, in unser Wohnzimmer geschlichen hatte. Jedenfalls erschien es mir als das Fremdeste und Rebellischste, das ich mir vorstellen konnte. In Verbindung mit seinem Korpus war das Instrument ein gewaltiger Stachel im Fleisch der Erde. Das alles beherrschende Klavier, Mittelpunkt meines leidvollen täglichen Übens, hatte verlockende Konkurrenz bekommen.

Einige Wochen lang teilte der Bass, inspiziert von Musikern aus der Region, unser familiäres Leben, bis er bei einem Nürnberger Symphoniker eine neue Heimat fand. Ich mache mir bis heute Vorwürfe, dass ich mein Interesse an dem so lange im Verborgenen hausenden Mitbewohner, dem ich, sobald ich mich unbeobachtet fühlte, jede freie Minute widmete, nicht vehementer bekundet habe: Mein Leben hätte vielleicht eine andere Wendung genommen.

Tatsächlich war es vor allem der Reiz des halb Verbotenen, der mich an den Koloss fesselte. Schon die erste Begegnung stand im Zeichen des unausweichlichen Abschieds. Für eine ernsthafte Auseinandersetzung fehlte mir überdies eine Disziplin, die ich nicht einmal für die Gitarre aufbrachte, mein anderes Instrument des Widerstands gegen das Klavier. Kraft- und hilflos, wenn auch nicht ohne Genugtuung über den druckvollen Klang, mit dem bereits leere Saiten das Wohnzimmer erzittern ließen, erkundete ich mit Bogen und kolophoniumverklebten Fingern, was sich dem Bass an Geräuschen entlocken ließ.

Gerade die motorische Überforderung verleitete mich dazu, die abgelegeneren Regionen zu erforschen. Theoretisch hatte ich durch die Gitarre eine ungefähre Vorstellung, wo die einzelnen Töne sitzen mussten. Praktisch kam ich nicht besonders weit. Ich zupfte im Wirbelkasten herum, fiedelte mir unterhalb des Stegs eine scheußliche Katzenmusik zusammen und ließ den umgedrehten Bogen, ahnungslos, dass es sich um eine Col Legno genannte Technik handelte, auf den Saiten hüpfen.

Jedes Instrument hat seine vordergründig unnützen, dem Regelbetrieb entzogenen Zonen. Hier aber lagen sie offen zutage. Es gab verärgertes Kopfschütteln, wenn ich die Gehäuseplatte des Klaviers abmontierte und mich mit den Innereien vergnügte oder wenn ich das alte Spinett mit Tesafilm und dem Bottleneck meiner Gitarre traktierte. Die Rede von widernatürlichen Spielweisen leuchtete mir jedoch beim Kontrabass gar nicht erst ein. Seine eminente Körperlichkeit, die einem als Phantom der eigenen Gestalt gegenübertritt, will geradezu auf jede denkbare und undenkbare Weise erobert werden: als ein künstlicher Leib, durch den sämtliche zwölf Meridiane fließen, von denen sich jeder einzelne stimulieren lässt, Kopf- und Fußmassage inbegriffen.

Vielleicht ist mir davon ein Sinn für die Experimentatoren geblieben, die dem Kontrabass noch die letzten Reste seiner Dienerrolle auszutreiben versuchen. Ich denke an Barry Guy, Joëlle Léandre oder Stefano Scodanibbio, die den Weg für Generationen von Musikerinnen und Musikern ebneten, die es heute sowohl leichter als auch schwerer haben, die Emanzipation dieses schwerfällig anmutenden Instruments voranzutreiben. Alle Regeln sind gebrochen, doch die Möglichkeiten, den Klangcharakter mit neuen Spieltechniken und Gerätschaften noch einmal grundlegend zu verändern, verringern sich von Tag zu Tag.

Mein Staunen über seine Beweglichkeit begann mit dem swingenden Übermut von Slam Stewart: Er scattete bei seinen Arco-Soli einfach mit. Es war sein Markenzeichen und seine Zirkusnummer. Ihm nach der Schule im Radio zu begegnen, wo er vor allem bei einem Sender einen treuen Freund zu haben schien, versöhnte mich mit dem trübsten Nachmittag. Stewart ist für mich das beste Beispiel, dass man über die Möglichkeiten eines Instruments nicht ohne seine wirklichen Meister sprechen kann. Jeder hätte diesen Schritt zur Emanzipation des Basses gehen können – er tat es.

Der erste Kontrabassist, der mir die Ohren für freiere Formen des Jazz öffnete, war Dave Holland. Während ich noch Progrock und versponnenen englischen Folk hörte, lockte mich sein Debütalbum »Conference of the Birds«. Anthony Braxton und Sam Rivers tirilierten auf ihren Saxofonen hemmungslos durch die Oktaven und wurden doch von der vorwärtsdrängenden Kraft seiner Linien aufgefangen: Ich hatte noch nie so viel Leichtigkeit in der Abstraktion vernommen.

Bei Dave Hollands erster Soloplatte »Emerald Tears« war ich vollends hin und weg. Wann hatte ich je so ungehindert studieren können, wozu ein Kontrabass fähig war. Ich holte beim Phrasieren mit Holland Luft, ich vibrierte in seinem Vibrato mit, ich sog die winzigsten Verzögerungen und Beschleunigungen auf, in jedem Geräusch wurde ich heimisch. Ein Mensch, ein Bass – das erschien mir als das größte aller musikalischen Abenteuer.

Es war die Zeit, in der auch der elektrische Bass über sich hinauswuchs. Larry Graham von Sly and the Family Stone hatte ihn das Slappen gelehrt. Stanley Clarke brachte ihn zur Jazzrockraserei, doch es war Jaco Pastorius, der ihm seine singende Unabhängigkeit verschaffte. Ob er die Soli des 20-jährigen Pat Metheny umschlang oder Joni Mitchell durch ihre Lieder trug – Pastorius hatte eine auf Anhieb erkennbare Stimme. Selbst in meiner kleinen Stadt kauften sich die Bassisten nun bundlose Bässe, um es ihm gleichzutun. So verzückt wie unartikuliert nudelten sie sich durch endlose Jams und ließen in einem fort Flageolettfunken sprühen, weil sie dasjenige waren, was sich Pastorius am leichtesten abschauen ließ.

Die butterweich auf Touren zu bringenden elektrischen Bässe legten an Saiten zu, bis sie wie überzüchtete Gitarren aussahen, und der Kontrabass, in den man, wenn man nicht die Saiten wie Eddie Gomez tieferlegte, immer noch mächtig hineingreifen musste, um ihm Beine zu machen, wirkte schon wie ein Auslaufmodell für Traditionalisten. Doch eine neue Generation von Bassisten, die wusste, dass es sich um zwei unterschiedliche Instrumente handelte, die einander in erster Linie durch den Tonumfang glichen, legte es darauf an, in beiden Welten zu Hause zu sein. Der Eigensinn des Kontrabasses blieb erhalten, und dass er sich sowohl im Virtuosentum wie im Antivirtuosentum beweisen konnte, immunisierte ihn gegen athletische Missverständnisse.

Ich pilgerte zwar mit weit aufgerissenen Augen zu jedem Konzert von Aladár Pege, einem ungarischen Bären, der in Sachen Fingerakrobatik und Intonationssicherheit jeden an die Wand spielen konnte, doch begann ich zu ahnen, dass in der behäbigen Art und Weise, mit der Charlie Haden in übersichtlichen Tonräumen herumstapfte, eine ähnliche Stärke liegen konnte. Wie er seine schnell verklingenden Darmsaiten auf das Griffbrett klatschen ließ, empfand ich anfangs nicht einmal als schön. Im freien Spiel mit Ornette Coleman wie in traditionelleren Umgebungen aber besaß er eine divinatorische Begabung, die Stoizismus und Reaktionsschnelligkeit vereinte und ihre Autorität gerade in hektischen Momenten aus der Begrenztheit der Mittel schöpfte.

Meine persönliche Erleuchtung erfuhr ich durch Rick Rozie. Er war ein River Indian vom Stamm der Mohegan, die einen Algonquin-Dialekt sprechen, hieß mit vollem Namen Edward R. Rozie jr.

und verdiente seinen Lebensunterhalt beim Hartford Symphony Orchestra in Connecticut. Ich war nicht darauf vorbereitet, von seinem solistischen Temperament an einem Pfingstsamstag morgens um elf in einer Turnhalle der Stadt Moers am Niederrhein mitgerissen zu werden. Die vormittäglichen Konzerte galten lediglich als Begleitprogramm zum alljährlichen New Jazz Festival, das vom frühen Nachmittag an auf der Open-Air-Bühne im Schlosspark stattfand. Rozie stürmte improvisierend aus balladesken Zonen ins Geräuschhafte und weiter in jazzige Gefilde, bevor er sich jeweils mit einer akustischen Verneigung vor Charles Mingus verabschiedete. In einer knappen Dreiviertelstunde arbeitete er sich durch die Enzyklopädie des Kontrabassspiels und blieb doch in jedem Moment er selbst.

Am ersten Tag war ich ein verblüffter Zufallsgast. Am zweiten jubilierte ich schon, als ich Rozie mit seinem federgeschmückten Hut auftauchen sah. Am dritten Tag, der den beiden vorhergehenden nur durch die Mingus-Coda glich, fragte ich mich, wie ich den Rest des Jahres ohne ihn verbringen sollte. Die Band Afro Algonquin, in der er zusammen mit seinem Saxofon spielenden Bruder Lee Mixashawn Rozie und John Coltranes letztem Schlagzeuger Rashied Ali auf der Hauptbühne gespielt hatte, erschien mir dagegen nur wie ein schriller Free-Jazz-Pulsar.

Ich kann nicht ausschließen, dass ich meine drei Vormittage mit Rick Rozie verkläre. Kein einziger Ton von ihnen ist überliefert, wohingegen ich jederzeit die Platte auflegen kann, die mir von Afro Algonquin geblieben ist. Doch ich kann die Erfahrung jener morgendlichen Augenblicke sofort in mir wachrufen. Selbst wenn ich alles abziehe, was mir an jugendlicher Romantik die Sinne vernebelte, sehne ich mich nicht nach einer uneinholbaren Vergangenheit, sondern nach deren Überschreibung und Aktualisierung. Und die Gegenwart bietet sie mir reichlich.

Bei Ingebrigt Håker Flaten höre ich einen Willen zum Berserkertum, der bei allem Respekt vor der Unversehrtheit des

Instruments dieses zu überwinden versucht. Seine Musik wirkt manchmal wie die eines Außerirdischen, der sich etwas Unverstandenes auf Biegen und Brechen anzueignen versucht. Er zerrt die Saiten neben das Griffbrett, peitscht und geißelt sie, als wollte er sie für das bestrafen, was sie sind. Sein norwegischer Landsmann Christian Meaas Svendsen geht pfleglicher, aber nicht weniger radikal zur Sache. Mit allen vier Gliedmaßen und Essstäbchen im Mund betreibt er Ashtanga-Yoga mit seinem Kontrabass, und es kann nur eine Frage der Zeit sein, bis dieser von ganz alleine seine Asanas praktiziert.

13

Für Robert Landfermann, unter den deutschen Kontrabassisten derjenige, der die Kunst des Solospiels am weitesten entwickelt hat, war die lebensverändernde Figur Barre Phillips. An einem regnerischen Frühherbstabend sitzen wir am Fuß eines Weinbergs mitten in der Stadt und sprechen über *Journal Violone*, das erste Solobassalbum der Jazzgeschichte aus dem Jahr 1968. 38 frei improvisierte Minuten aus einer anderthalbstündigen Aufnahme in der Londoner St. James' Church, Norlands. Ein Lexikon der Spielweisen, das dennoch einen Fluss ergibt. Alle Register ausschöpfende, sich unterwegs flirrend verdichtende Melodien; ausschweifende Rutschpartien, als böte das Griffbrett nirgends Halt; flammende, knarrende Bogenattacken und kontemplative, sich selbst nachhörende Momente. Gewalt und Zärtlichkeit.

Zu *Call Me When You Get There*, dem 15 Jahre später entstandenen Nachfolger, an den Landfermann als Student sein Herz verlor, verhält sich *Journal Violone* wie das Skizzenbuch zum vollendeten Gemälde mit in mehreren Schichten aufgetragenen Farben. Das animistische Verhältnis zum Instrument hat sich nicht geändert. Die Frage für Phillips lautet schlicht: Was will der Bass mir sagen? Auch Landfermann bringt sie am schnellsten dorthin, wo er sich selbst vergisst und eine Selbstverständlichkeit des Spielens erreicht, in dem das, was an konkreten Motiven, Themen und Techniken einfließt, nur untergeordnete Bedeutung hat.

Der Gegensatz von freiem und gebundenem Spiel wird überschätzt, sagt Landfermann. Als jemand, der in beidem zu Hause ist, weiß er: Auch der befreite Bass kennt keine absolute Freiheit. Der Improvisierende ist weder der Herr einer ursprünglichen Schöpfung noch ein Zufallsgenerator inmitten der Unendlichkeit. Aus seinem Vokabular führt er lediglich etwas zusammen, was ihm wie eine von Grund auf neue Welt vorkommen kann. Die Zahl der ihm zur Verfügung stehenden kombinatorischen Möglichkeiten ist zwangsläufig endlich. Doch selbst wenn er diese Beschränktheit erkennt, muss sie ihn noch lange nicht an jenem rauschhaften Zustand hindern, in dem die Kontingenz der Tonauswahl etwas Zwingendes bekommt. Dieses Spiel der Permutationen lebt von keiner rein musikalischen Logik – sonst könnte man sie auch einem Computer übertragen. Sie braucht die Resonanzen eines musizierenden Körpers, die Energien eines Publikums, eine Jahreszeit, ein Wetter, die Gunst der Stunde.

Robert Landfermann würde einiges dafür geben, zu durchschauen, warum eine durchzechte Nacht manchmal bessere Voraussetzungen bietet als ein erholsamer Schlaf, oder warum der in eine Tournee mit hechelnder Zunge hineingepresste Provinztermin überraschendere Kräfte freisetzt als der ausgeruhte Nobelauftritt vor großem Haus. Nicht, dass Müdigkeit und Qual Sternstunden begünstigen würden, sie haben überwiegend zerstörerische Seiten. Doch wie oft stellten sich die Passagen, bei denen er sich am unwohlsten gefühlt hatte, im Nachhinein als die stärksten heraus: Er hatte sich auf ein Terrain jenseits des Vertrauten gewagt. Hin und wieder ausgelaugt neben sich zu stehen, kann einen auch anstacheln, wieder mit sich in Übereinstimmung zu geraten. In der Lücke zwischen Depersonalisierung und Rückkehr zum eigenen Ich entsteht das, was einen voranbringt.

Um diesen Zugang zum Improvisieren habe ich Musiker immer beneidet. Anders als beim Schreiben, das auch seine Kritzeleien und Versunkenheiten braucht, jedoch selbst bei einer Kette von Einfällen so gut wie nie unmittelbar vorzeigbare Früchte trägt, gibt es ein vegetatives Zuhören, das sich jederzeit ergreifen können muss, wenn es nur will. Es herrscht ein ständiges Hin und Her von Selbstbeobachtung und Selbstvergessenheit, das keiner grammatikalischen Korrektheit gehorcht. Noch die enthemmteste *écriture automatique* kommt nicht umhin, sich misstrauisch über die

Schulter zu blicken. Sie muss auf einen bestehenden Wortschatz und existierende Satzbauregeln zurückgreifen. Und so ist der Versuch, mir vorzustellen, wie ich mit einem Kontrabass im Schlepptau an ein improvisiertes Solokonzert herangehen würde, die rein mentale Übersetzung eines eigentlich körperlichen Vorgangs.

»Planlos - in äußerster Entschlossenheit«: So würde ich den ersten Satz meiner improvisierten Suite nennen. Und die folgenden: »Traumverloren - mit hellwachem Bewusstsein. Ungestüm - in vollendeter Seelenruhe. Halsbrecherisch - ohne demonstratives Risiko.« Innerlich leer, vor mir nichts als den Raum, dessen Umrisse ich mit jedem weiteren Schritt bestimme, hoffe ich, die Durststrecke der ersten Minuten so schnell wie möglich hinter mir zu lassen. Vielleicht sind die Finger anfangs klamm und steif, belauert von einem allzu erwartungsvollen Geist. Misstrauische Partner, die schon tausendmal zusammengefunden haben, aber erst nebeneinanderher stolpern, bis sie einen gemeinsamen Rhythmus finden.

14

Zum allerersten Staunen des Kindes führt kein Weg zurück. Und wenn ich mir seine Naivität auch nur selten zurückwünsche, denke ich doch mit einer gewissen Dankbarkeit daran, welches Vergnügen ich hatte, das alte Tonbandgerät meines Vaters rückwärts laufen zu lassen, als meine Freunde längst mit Kassettenrecordern ausgestattet waren. Im permanenten Vor- und Zurückspulen, von dem mich keine zwischendurch gedrückte Stopptaste abhalten sollte, hatte ich es im Lauf von vier Wochen so ruiniert, dass sich eine Reparatur nicht mehr lohnte.

Wenn ich damals singend oder mit einer Melodica Töne vom Band zurücksaugen und verschlucken ließ, fühlte ich mich wie ein verrückter Wissenschaftler, dem eine neue Entdeckung gelungen war. Wie hätte ich als Kind auch wissen sollen, dass sich jeder Klang technisch umkehren lässt. Das Gesetzmäßige des Vorgangs erschien mir als etwas Magisches. Der akustische Grundkurs wäre mir wohl auch verwehrt geblieben, wenn ich gleich ins heutige Zeitalter der digitalen Effekte katapultiert worden wäre. In der Liste der Möglichkeiten könnte ich den Zauber des Reverse Delay so wenig durchschauen wie viele andere Manipulationen, der ich meine Stimme oder mein Spiel unterziehe.

Ich habe auch an diesen Digitaleffekten, die man sich inzwischen einfach aufs Smartphone laden kann, meinen Spaß. Aber das erkennbar Mechanische des dazwischengeschalteten Tonbandgeräts, seine Verletzbarkeit, die sich in Bergen von Bandsalat zeigen konnte, schlicht sein unübersehbares Eigenleben, das mir beim Spulen als Wind mit dezent metallischem Geruch in die Nase kroch, flößte mir Respekt ein. Es machte mir klar, dass auch ich in meinem Körper von hochgradig mechanischen Voraussetzungen lebte, von Rädchen, Antriebswellen und Stellschrauben, bei denen geringfügige Veränderungen massive Folgen haben können. Ich bekam einen Eindruck vom Maschinenhaus Mensch, wohingegen mich heute die Unsichtbarkeit der bestenfalls in einem verkabelten Kästchen untergebrachten Effekte einer trügerischen Natürlichkeit versichert, aus der mich die technologische Hochrüstung der Musik befreit, indem sie mich zu einem Cyborg macht.

Der Stimmbruch war in diesem Zusammenhang eine wichtige Erfahrung, ein als Effekt einsetzbares, doch letztlich unkontrollierbares Phänomen, das ich Stunde um Stunde auf sein Vorhandensein überprüfte. Wieder und wieder versuchte ich, meine Stimme im Sprechen und Singen umschlagen zu lassen, und freute mich am gequälten Gesichtsausdruck meiner Mitmenschen. Mein lustvolles Jodeln an der Grenze von Kindheit und Jugend, die mich Saltos zwischen Gegenwart und Zukunft schlagen ließ, wird so nicht wiederkehren. Meine Stimme wird von Neuem brüchig werden, aber ich werde mich nicht auf beiden Seiten meines Lebensalters aufhalten können, sondern mich an jede Festigkeit klammern, solange ich über sie verfüge.

Ähnlich gegenwärtig wie meine frühen Tonbandexperimente sind mir nur die Elektrifizierungsversuche meiner Jugendgitarre. Mit ihrem verkleinerten Korpus und den Nylonsaiten war sie dem Sound von Helden wie Jimi Hendrix denkbar fern. Wenn ich aber das Kondensatormikrofon meines Kassettenrecorders, der mir als Ersatz für das kaputte Tonbandgerät gnädig gewährt worden war, ins Innere der Gitarre legte und mit bis zum Anschlag aufgedrehter Aussteuerung bei laufender Aufnahme in das Röhrenradio mit dem magischen Auge hineinspielte, über das auch mein Plattenspieler lief, entstand der herrlichste Fuzz-Sound, den man sich vorstellen kann. Zusammen mit mörderischen Rückkopplungen erschütterten sie das ganze Haus.

15

An einem verregneten Sommerabend, ich hatte mich in den Weiten von YouTube verloren und wollte schon schlafen gehen, trat Ulfa Nabila in mein Leben. Der Empfehlungsalgorithmus spülte mir ihre Version von Stevie Wonders »Overjoyed« entgegen. 4:44 Minuten genügten, und ich wollte Erykah Badu, Lauryn Hill und India Arie, auf deren Spuren ich mich begeben hatte, für immer vergessen.

Ulfa, für meine Verhältnisse gefährlich jung, kämpft zwar sichtlich mit ihren lockeren Ohrhörern, singt jedoch mit einer hingebungsvollen Lässigkeit, die selbst ihr unheimlich ist. Sitzend wiegt sie sich in einem bodenlangen weißen Kleid vor dem Mikrofon eines Wohnzimmerstudios in Jakarta, während ein Keyboarder, ein Bassist und ein Gitarrist sie geschmeidig durch sämtliche hymnische Aufschwünge des Songs führen. Am Ende neigt sie, ungläubig, welche Flügel ihr gewachsen sind, den Kopf wie betäubt nach rechts, nach links, zieht beide Augenbrauen hoch, atmet tief aus und streicht sich das schulterlange Haar aus dem Gesicht.

Ich hörte »Overjoyed« ein zweites und ein drittes Mal. Danach wusste ich: Diese Version war, obwohl Ulfa den englischen Text ziemlich vernuschelt, besser als das Original. Der Song musste erst durch Tausende von Kehlen gehen, bevor er bei ihr seine neue Heimat fand. Nach dem vierten Hören war ich verliebt. Nach dem fünften beschloss ich, sofort ein Flugzeug nach Jakarta zu besteigen. Dann hörte ich auf zu zählen und überließ mich dem Lied, ohne müde zu werden, bis zum frühen Morgen. Ulfa war mein musikalisches Tinder-Match, die späte, die allzu späte Begegnung mit einer Sängerin, die ich nicht gesucht, doch gefunden hatte. Und indem ich all die bis dahin verlorenen Jahre mit den wenigen

Tagen unserer Bekanntschaft aufholen wollte, stürzte ich mich in einen aussichtslosen Kampf gegen die Zeit.

Ich würde gerne behaupten, dass die Hälfte der inzwischen bald zwei Millionen Video-Aufrufe von mir stammt. Schon die pure Multiplikation der magischen 4:44 Minuten mit einer halben Million ergibt gut vier Jahre ununterbrochene Zweisamkeit. Jahre, die ich den mageren Stunden unserer Bekanntschaft anzustückeln hoffe, mit Klicks, die uns aus der unbarmherzig verrinnenden Zeit herausführen, in geheime, nur uns beiden offenstehende Hinterzimmer.

Von Anfang an kämpfte ich auf allen Kanälen um sie. Ich begann, Ulfa auf Instagram, auf TikTok und auf Twitter zu folgen. In den ersten Wochen des Überschwangs fütterte ich noch den belanglosesten Fankommentar in Übersetzungsmaschinen, um kein Detail zu verpassen. Ich abonnierte die »Jakarta Post« und jagte nach Informationen, wo ich sie bekommen konnte. Ich lud mir einen Stadtplan der indonesischen Hauptstadt herunter, der mir Wege von insgesamt 8484 Kilometern versprach, die ich, wie ich mir ausrechnete, bei einem Pensum von acht Stunden täglich in rund 265 Tagen erwandern könnte. Hand in Hand sah ich mich schon mit Ulfa durch die Straßen ziehen.

Doch statt ihr näher zu kommen, entfernte ich mich von ihr. Mit jedem Mosaiksteinchen, das ich auflas, wurde sie mir fremder. Mich beschäftigt inzwischen weniger die Selbstverständlichkeit, mit der sie als Influencerin auftritt, oder der Umstand, dass sie permanent ihren Freund herzeigt, einen kleinen schnurrbärtigen Mann, den sie mädchenhaft giggelnd umstreicht und mittlerweile sogar geheiratet hat. An mir nagt seit geraumer Weile ein tieferer Schmerz. Ulfa, musste ich mir eingestehen, wird die Rolle der Epigonin niemals abstreifen. Aufgewachsen im Dämmer von Karaokebars, hochtrainiert auf den Bühnen von Cafés und Shopping-Malls und berufen, die Königin aller Coverbands zu werden, war sie wie geboren für den Glamour von Casting-Shows. Und nicht nur sie wurde mir unheimlich.

Je tiefer ich Ulfa ins Repertoire der nachgesungenen Lieder folgte, desto mehr erschien mir Indonesien als Nährboden eines Nachahmungstalents, das sich wie nirgendwo sonst auf der Welt ausbreitete. In den einschlägigen Apps, in denen man die größten Hits unserer Zeit mit jungen Menschen vom anderen Ende der Welt singen kann, leuchtete mir ein indonesisches Gesicht nach dem anderen entgegen. Und hatte Jacob Collier, das größte Popjazz-Genie ihrer Generation, in seinem Londoner Zimmer nicht einen seiner harmonisch verwegenen Mehrspurchöre zu einer »Overjoyed«-Challenge zusammengebastelt, das auf YouTube und TikTok ganz und gar indonesisch dominiert war?

Nach mehreren Staffeln von »Indonesian Idol« gab es für mich keinen Zweifel mehr: Ulfa war die strahlende Vorhut einer gigantischen Nachhut, die am Tropf der internationalen Produktion hängt und sich schlechthin alles zu eigen macht. Früher oder später, dachte ich, wird die gesamte Popmusik im schwarzen Loch der Glitzerbars von Jakarta verschwinden, wo ich Ulfa so gerne angehimmelt hätte. Niemandem mehr wird auffallen, dass wir in einer Wirklichkeit angekommen sind, in der sich Kopie und Original nicht mehr auseinanderhalten lassen.

Um die Distanz zwischen Ulfa und mir nicht noch weiter wachsen zu lassen, suchte ich zunächst nach Ausflüchten vor meinen eigenen Erwartungen. Muss es denn immer gleich wahres Schöpfertum sein, fragte ich mich. Ist nicht alles Interpretieren, Wiederholen und Umgraben des Vorhandenen? Ist es nicht genug, einen Song wie »Overjoyed« so zu ergreifen, dass einem der Atem stockt? Reicht es nicht, für 4:44 Minuten das Gefäß Gottes zu sein, eines Gottes, den sie im Text ihres ersten eigenen Liedes, das ihr »The Piano Man« Badai schrieb, als Garanten einer hindernisreichen Liebe gleich im Übermaß beansprucht?

»Cinta yang Sama« machte die Sache nur noch schlimmer. Das Lied zerfließt in den hundertmal durchgespielten Gesten einer Power-Ballade, die geradewegs aus den neunziger Jahren zu kommen scheint. Ulfa ist nach wie vor hinreißend sympathisch. In ihrem Video, in dem sie alles daransetzt, sich als Diva zu inszenieren, finde ich sie sogar attraktiver als je zuvor. Ich bewundere ihre Phrasierung und Intonation über mehrere Oktaven hinweg. Ich stehle mir immer noch regelmäßig die 4:44 Minuten von »Overjoyed« und bewahre sie für unser künftiges Leben auf. Doch als Sängerin bleibt Ulfa ein Produkt, das offenbar kein Problem damit hat, ein Produkt zu sein. Mit der leisen Verachtung, die ich mit diesem Wort verbinde, wüsste sie vermutlich wenig anzufangen, und das steigert meine Bedrückung erst recht. Sie geht ganz und gar auf in ihren geliehenen Gefühlen. Und während ich mich noch an den Rausch unserer ersten Gemeinsamkeit klammere und das Band zwischen uns zu erneuern versuche, sehe ich zu, wie mir meine eigene Schwärmerei, an der ich so gerne festhalten würde, entgleitet.

Im Defilee der indonesischen Sängerinnen und Sänger, die sich beim Roommate Project auf YouTube ein Stelldichein geben, schwante mir schon einen verhängnisvollen Moment lang, hätte ich mein Herz genauso gut an jede andere verlieren können. War nicht auch ich ein bloßer Austragungsort geliehener Gefühle? Was sollte ich mir unter geliehenen Gefühlen überhaupt vorstellen? Etwas Vorgefertigtes, das man sich überstreift wie ein Kleidungsstück und nach Belieben ablegt? Oder etwas, das man zwar übernimmt, aber als etwas Eigenes zu begreifen lernt? Jede Art von Kunsterlebnis lebt bis zu einem gewissen Grad von geliehenen Gefühlen. Man kann nur über die Wahrhaftigkeit dieser Gefühle streiten – und über das Recht, sie sich anzueignen.

Geliehene Gefühle gelten als unmoralisch, wenn man sich am Leid oder an der Freude anderer ergötzt und bei selbstgenießerischer Gefühligkeit stehenbleibt, ohne bereit zu sein, seiner emotionalen Beteiligung Taten folgen zu lassen – umso mehr, als man es im großen Theater des Weltgeschehens mit Wirklichkeiten zu tun bekomme, denen man alles Fiktionale austreiben müsste.

Zugleich leiht man sich Gefühle, um seine eigenen zu überprüfen. Schaue ich nicht noch mit dem pathetischsten, dem kitschigsten, dem verlogensten Schlager wie mit einer Drohne, die ich über meinem Leben kreisen lasse, auf meine eigene Armseligkeit herunter, ohne dass dies zugunsten des Schlagers ausgehen muss? Schon Stevie Wonders »Overjoyed« fordert mich zu einem Überschwang auf, dessen metaphorisches »Castle of Love« ein Luftschloss ist.

Gefühle zeichnen sich aber nun einmal dadurch aus, dass sie sich teilen lassen. Sie können verborgen sein, unentdeckt, aber nicht restlos privat: Man muss immer Anleihen bei sich selbst machen, um sich fremde Gefühle einzuverleiben. Nur deshalb ist es möglich, sie tiefer zu empfinden als die eigenen, und nur deshalb kann man sich einbilden, Gefühle, die bei jemand anders vorgetäuscht sind, für sich selbst wahr zu machen. Jeden Tag werde ich ein wenig ungläubiger, dass Ulfa Nabila und mir eine Zukunft vergönnt ist, und keine Stunde gebe ich die Hoffnung auf, dass es doch noch dazu kommt.

16

Der Klang von Steinen beschäftigt mich, seit ich als Elf- oder Zwölfjähriger an einem Maienabend zusammen mit drei Klassenkameraden Christian Wolffs »Stones« aufführte. In der Schule, wo nach Mitwirkenden gesuchte wurde, hatten wir uns sofort freiwillig gemeldet. Die Aussicht, an einer mehrstündigen Multimediashow des Komponisten Josef Anton Riedl teilzunehmen, die das ganze Rathaus meiner Heimatstadt aus den Angeln heben sollte, war Versprechen genug.

Die Partitur war von einleuchtender Knappheit: »Erzeuge Klänge mit Steinen, entlocke Steinen Klänge, indem du verschiedene Größen und Arten (und Farben) benutzt; überwiegend einzeln; manchmal auch in schneller Folge. Überwiegend durch das Schlagen von Stein auf Stein, aber auch von Stein auf andere Oberflächen (etwa ein abgenommenes Trommelfell) oder auch nicht geschlagen (etwa mit einem Bogen gestrichen oder verstärkt). Mache nichts kaputt.«

Am Nachmittag der Aufführung nahm uns Riedls Assistent in die Rot-Main-Auen mit, wo wir Steine für die Vorstellung sammelten. Übermütig sprangen wir die Böschung herunter und präsentierten einander unsere Funde. Währenddessen suchte eine zweite Gruppe, die Wolffs »Sticks« aufführen sollte, nach Zweigen und Ästen. Zusammen mit den »Stones« waren die »Sticks« Teil einer musikalischen »Prose Collection« und lebten von der Anweisung, Holz in immer kleinere Teile zu zerbrechen, bis die Überreste im Hohlraum zweier übereinandergelegter Hände kein Geräusch mehr von sich geben.

Nach einer Generalprobe, bei der wir ermahnt wurden, möglichst jeden einzelnen Klang auszukosten, gingen wir abends mit einem heiligen Ernst ans Werk, den so kein Erwachsener aufgebracht hätte. Wir wateten mit den anderen Besuchern durch Meere von Tischtennisbällen, die wir am Nachmittag bunt angesprüht hatten, damit sie im UV-Licht leuchteten, spazierten durch die audiovisuellen Gewitter, die Klaus Hashagen, seinerzeit eine Koryphäe elektronischer Klänge, über uns und um uns herum niedergehen ließ, und empfanden die Licht- und Duftshow, die das Publikum mit der Neuen Musik versöhnen sollte, die über das Haus verteilt ertönte, als das größte Volksfest, auf das wir uns jemals begeben hatten.

Nachts ging ich mit einer Tasche voller Flusssteine, die ich als unermesslichen Schatz betrachtete, und einem ganzen Strauß der weißen Riesenballons, die zum Abschluss des Spektakels zu Dutzenden durch die Etagen schwebten, überglücklich nach Hause. Und weil ich vor lauter Aufregung nicht schlafen konnte, schaltete ich das Röhrenradio mit dem magischen Auge an, das ich von meiner Großmutter geerbt hatte, drehte das Schwungrad zu meinem damaligen Lieblingssender AFN, der mir eine ganz andere Vorstellung von amerikanischer Musik vermittelte, als ich sie von Christian Wolff gewonnen hatte, und fand das, was da mit mittig-muffigen Sound aus den Lautsprechern drang, mindestens bis zum nächsten Morgen entsetzlich schal.

Daher war mir der Sonderling, auf den ich Jahrzehnte später in Annie Dillards Essayband *Einen Stein zum Sprechen bringen* stieß, auf Anhieb sympathisch. Vor der Pazifikküste von Bellingham, Washington, in einer Hütte auf Lummi Island, lebt dieser Larry mit einem handtellergroßen Strandkiesel und unterrichtet ihn mehrmals täglich im Sprechen. Im Gegensatz zu Annie Dillard, der Larry zu seinen logopädischen Sitzungen nie Zutritt gewährte, kann ich mir lebhaft vorstellen, wie er leise auf seinen Mitbewohner einredet: ein unentwegt Hoffender, der nur unendlich mehr Geduld braucht als ein Zirkusdompteur vor seiner Robbe, weil er sich nun einmal das Menschenunähnlichste ausgesucht hat, das diese Welt zu bieten hat.

Larry wird getrieben vom Phantasma einer Kommunikation, deren Einseitigkeit der Sehnsucht nach ihrer Überwindung offenbar nichts anhaben konnte. »Einen Stein betreten / Das wäre mein Weg«, beginnt Charles Simics berühmtes Gedicht »Stone«: »Lass jemand anders eine Taube werden / Oder mit Tigerzähnen knirschen / Ich bin froh, ein Stein zu sein.«

Das Steinerne ist schließlich eine Fremdsprache, die man von Grund auf erlernen muss, um als Dolmetscher auftreten zu können. Doch wenn Sprechen heißt, sich in der Sprache des Menschen zu äußern, muss Larrys Kiesel die natürliche Ordnung wechseln und etwas werden, das er nicht ist. Darin liegt, auch in einer götterlosen Welt, eine schöpferische Anmaßung.

Larry hat etwas von einem Ovid'schen Pygmalion, der sich in die von ihm selbst geschaffene Elfenbeinskulptur einer jungen Frau verliebte, die Venus auf sein Flehen hin zum Leben erweckte. Er könnte, wenn er sein Erziehungsprojekt nur ernst genug nimmt, dem Stein gleich Singen und Tanzen beibringen. Oder zumindest ein empfindendes Mitvibrieren, wie es die Ainu, ein fast ausgestorbenes Volk, das heute vor allem auf der japanischen Insel Hokkaido zu Hause ist, offenbar dem Kiesel zutrauen, den sie in einer Aushöhlung der Tonkori, ihrer Schalenzither, unterbringen. Der Stein repräsentiert die Seele des Instruments. Musikalisch bietet es keine großen Möglichkeiten. Die Saiten, meistens drei oder fünf an der Zahl, werden offen gespielt: Einmal gestimmt, erklingen sie immer nur in ihrer jeweiligen Tonhöhe. Man soll Steine schließlich nicht überfordern, nachdem es schon Menschen schwer haben, ihre Seele zu öffnen.

Geschichten von Menschen und Steinen lassen sich deshalb immer aus einer doppelten Perspektive betrachten: aus derjenigen der grenzenlosen Überlegenheit des Geistes über die tote Materie – und der einer hoffnungslosen Unterlegenheit des Geistes unter die Materie. Der Mensch wird sich am Stein buchstäblich die Zähne ausbeißen – und über kurz oder lang selbst tot vor ihm niedersinken.

Wenn es so etwas wie das Gegenteil des Menschlichen gibt, dann ist es jedenfalls das Steinerne: Nicht zu Unrecht zählt es zu den mythologischen Schrecken, zur Salzsäule zu erstarren oder beim Anblick eines Medusenhaupts zu versteinern. Als letztgültiges Maß für Vergänglichkeit und Unvergänglichkeit und als hartnäckigste Prüfung des Bewusstseins kann man den Stein zwar dienstbar machen, seine Gewalt in Mühlsteinen bannen und seine wilde Schönheit in Schmuckstücken zurechtschleifen. Doch erst undomestiziert wird er zur Herausforderung.

Bai Juyi, ein chinesischer Dichter der Tang-Dynastie, hat früh den Reiz begriffen, der von der Versenkung in die bizarren Formen unbehauenen Steins ausgeht. Eingehend hat er sich mit den Steinen aus dem Tai Hu beschäftigt, jenem See in der Provinz Jiangsu, aus dessen flachen Gewässern Steinfischer über Jahrhunderte kapitale Beute an Land brachten und der Gartenkultur des Landes zu neuer Blüte verhalfen. Er hat die Taihu-Steine in Aufzeichnungen gewürdigt, in Gedichten besungen und gerade in ihrem ausdauernden Schweigen als treue Seelen entdeckt. »Ich fürchte allmählich, dass die Welt der Jugend, / mich, einen Alten mit weißen Haaren, ausschließt«, lautet der Schluss seiner »Zwei Zeilen«: »So wende ich mein Haupt und frage die beiden Steine, / ob sie mich alten Mann begleiten mögen. / Die Steine können zwar nicht reden, / aber sie versprechen mir, dass wir drei Freunde werden.«

Die Kultur der sehr viel kleineren Gongshi, der chinesischen Gelehrtensteine, die unter der Bezeichnung Suiseki auch in Japan eine Anhängerschaft fanden, hat dies auf einer Grenze von Natur und Kultur fortgesetzt, die allmählich auch im Westen durchlässig erscheint. Nur hat sie, auch wenn Wislawa Szymborska in ihrem Gedicht »Gespräch mit dem Stein« das Gegenteil behauptet, die Steine noch immer nicht sprechen gelehrt: »Ich klopfe an die Tür des Steins. – / »Ich bin's, mach auf. Lass mich ein, / ich will mich umschauen in dir, dich einatmen wie die Luft. / »Geh weg«, sagt der Stein. – / »Ich bin dicht verschlossen. / Sogar in

Teile zerschlagen, bleiben wir dicht verschlossen. / Sogar zu Sand verrieben, lassen wir niemanden ein.«

Die *Erziehung durch den Stein*, wie sie João Cabral de Melo Neto, der nüchternste aller brasilianischen Dichter, beschrieben hat, ereignet sich ausdrücklich im Wortlosen, als ein Unterricht, den dieser dem Menschen, nicht der Mensch ihm erteilt: »durch Lehren; / um vom Stein zu lernen, mit ihm zu verkehren, / seine unpathetische, unpersönliche Stimme einzufangen«. Es ist »die Lehre der Moral, seine kalte Widerstandskraft / gegen das Fließende und das Fließen, das Geformtwerden, // die der Poetik, seine konkrete Fleischigkeit, / die der Ökonomie, sein kompaktes Sichverdichten: / Lehren des Steins (von außen nach innen, / stumme Fibel) für den, der sie buchstabieren will.«

Dichterinnen und Dichtern, seit jeher für die Belebung des Unbelebten zuständig, verbinden mit Steinen aber auch eine verquere Sehnsucht nach ewigem Leben. Die dem mythischen Sänger Orpheus zugeschriebenen *Lithika*, ein aus dem vierten nachchristlichen Jahrhundert stammendes »theurgisches Epos über die Wunderkraft der Steine«, erzählen etwa, wie Phoibos Apollon, der Gott des Lichts, dem trojanischen Prinzen Helenos einen redebegabten Stein schenkt, den dieser im Verlauf von drei Wochen, allen Bedürfnissen entsagend, zum Lebewesen heranpäppelt: »Dreimal sieben der Tage vermied nun Helenos' Stärke – / Also vernahm ich – das Lager des Weibs und gemeinsames Bad auch, / Und blieb ohne Genuss selbst lebenserhaltender Nahrung«, heißt es in Karl Seidenadels Übersetzung aus dem Jahr 1876. »Wenn den beseeleten Stein er in ewiger Quelle gebadet, / Hegt er ihn drauf, wie ein saugendes Kind, in weichen Gewändern, / Und als wär' er ein Gott, ihn mit reichlichen Opfern gewinnend / Macht er ihn atembelebt durch zaubergewaltige Lieder. / Als er im reinen Gemach auf dem Leuchter ein Licht dann entzündet, / Nahm er den göttlichen Stein und wiegt in den Händen ihn sorglich, / Gleich wie die Mutter umschließt mit dem Arm das unmündige Knäblein«, mit der Aussicht, dass sich dem Stein schließlich ein Geburtsschrei entringt, um den unvermeidlichen Preis, damit in den Kreis der Sterblichen einzutreten.

17

Nichtmenschliche Äußerungen, die dennoch etwas Kreatürliches haben, gehören zu den besonderen Reizen von elektronischer Musik. So wie wir unsere Affekte in den Lauten von Tieren suchen, suchen wir uns auch mitunter in den Hüllkurven von Synthesizern. Wo sie bewusst oder unwillkürlich etwas Menschenähnliches entstehen lassen, können wir für Maschinen sogar Zärtlichkeit empfinden. Wir hören zu, wie etwas, das nicht wir sind, so etwas wie wir werden will. Wir hören der Menschwerdung des Elektronischen zu.

Der Jazzpianist Vijay Iyer hat in den fünften Satz seiner Suite »Mutations« vocoderhafte Stimmen eingebaut, die aus nichts als dem gesampelten Schnarren von Violinbögen bestehen. Es ist die Rückführung des Natürlichen ins Künstliche, um es als etwas fast Natürliches wiedererstehen zu lassen: ein Grenzverkehr, der alle Kategorien verwischt. Schon Karlheinz Stockhausen war mit analogen Tonband-Kompositionen wie dem *Gesang der Jünglinge* darauf aus, in den Übergängen zwischen natürlicher und elektronischer Tonerzeugung Leben zu finden. Noch verlockender ist es allerdings, den bewusstseinslosen Zombies, die digitale Apparaturen nun einmal sind, den Anschein von Gefühlsbekundungen zu entlocken.

Auch die seltsam wärmende Geborgenheit der Sequenzer-Musik, in die Klaus Schulze oder Tangerine Dream die kalten und tonlosen Weiten des Weltraums übersetzt haben, fällt in diesen Bereich. Die eher verstörenden Klänge, die die NASA mit ihrer Raumsonde Voyager 2 Jupiter, Saturn oder Uranus abgelauscht hat, indem sie die elektromagnetische Strahlung der Planeten in Schallwellen transformierte, mögen der kosmischen Unwirtlichkeit näherkommen als die wattierten Sounds von Synthesizern.

Jedenfalls hat diese Wirklichkeit nun eine Stimme. Denn als unbelebt gilt, was keine Stimme hat: Selbst Pflanzen geben im Ultraschallbereich Laute von sich.

Über die Fähigkeit zu einem sich frei entfaltenden Gesang verfügt einzig und allein der Mensch. Tiere sind nur zu unwillkürlichen Äußerungen in der Lage. Je nach Kultur vollzieht sich die Kunst dieses Gesangs in unterschiedlichen Traditionen, Tonsystemen und Geschlechterrollen. Auch in seinen unvollkommensten, laienhaftesten Formen beruht sie auf der Individualität der menschlichen Stimme. Im Gegensatz zu Anschlag und Phrasierung eines Pianisten lässt sie sich weitaus schwerer imitieren. Man kann die spezifische Expressivität, mit der etwa Mitsuko Uchida Mozartsonaten interpretiert, algorithmisch nachmodellieren und auf ein verwandtes Repertoire anwenden, das dann so klingt, als hätte sie am Flügel gesessen. Mit der Stimme gelingt das nicht. Denn zu ihr gehört ein Körper, den sie bis in den letzten Winkel bewirtschaftet. Man kann bis zu einer gewissen Grenze das Kieksen von Michael Jackson imitieren, nicht aber die Kantilenen von Jessye Norman. Man kann den Growl von Louis Armstrong nachäffen, nicht aber die samtene Eleganz von Mel Tormé.

Anders als der Klarinettist David Rothenberg in seinem Buch *Warum Vögel singen* behauptet, gibt es keinen Grund, den Gesang der Vögel ungeachtet seiner objektiven Vielfalt und subjektiven Schönheit als Kunst zu betrachten. Auch wenn darin ein betörender Lautreichtum herrscht, der Komponisten wie Olivier Messiaen zu bedeutenden Werken angestiftet hat, ist es reiner Anthropomorphismus, in ihren musikalischen Strukturen etwas Verwandtes zu entdecken. Vogelgesang, sagt der australische Ornithologe Peter Slater in seiner Studie *Bird Song*, hat genau zwei Funktionen: nämlich Weibchen anzuziehen und das Revier gegen Eindringlinge zu verteidigen. Und er lebt von der strengen Begrenztheit seines Vokabulars. Das spricht nicht gegen das Beglückende menschlich-tierischer Dialoge, wie sie Rothenberg immer wieder führt. Paul

Winter, ein Saxophonist, der sich unter anderem mit Wölfen einließ, oder der Flötist Paul Horn, der mit dem Killerwal Haida Konversation trieb, haben vorgemacht, was es heißt, dem Vergnügen an der Tierstimmenimitation eine gattungsüberschreitende Dimension zu geben. Doch sie bleibt einseitig: Ruf und Antwort folgen beim Tier dem starren Schema von Reiz und Reaktion.

Das hat den australischen Lyre Bird nicht davon abgehalten, ein König der Nachahmung zu werden, dessen Wandlungsfähigkeit kein Mensch erreicht. Der Lyre Bird kann nicht nur täuschend echt den Gesang eines Kookaburra und vieler anderer Arten vortäuschen, sondern auch das Kreischen der Motorsägen im Wald. Er wird von seiner Umgebung geradezu auf jedes beliebige Geräusch programmiert: Zu seinem Repertoire gehört sogar das Klicken und Surren der Kameras, die sich staunend auf ihn richten.

Das Ungleichgewicht des Dialogs prägt auch die Interaktion von Mensch und Maschine. Der Pianist Dan Tepfer wächst an seinem Yamaha Disklavier improvisierend in dem Maß über sich hinaus, in dem er rein technisch an den von ihm selbst programmierten Algorithmen wächst, die in Echtzeit auf sein Spiel antworten. Aber er begegnet in seinen *Natural Machines* letztlich immer nur den eigenen Vorgaben. Was sie ihm an befreiter Spontaneität im Umgang mit sich selbst ermöglichen, verhindern sie zugleich durch die Gefangenschaft in einem System, das die Impulse eines lebendigen Gegenübers höchstens simulieren kann.

Die Sphären vermählen sich am innigsten, wo sie ihre Fremdheit nicht leugnen und gemeinsam eine transhumanistische Zone, halb Dschungel, halb Wüste, betreten, innerhalb derer sich der lebendige Atem der menschlichen Stimme der falschen Seele der Elektronik hingibt. Niemand hat das weiter getrieben als die beiden Köpfe des Punkt Festivals im norwegischen Kristiansund und ihre Freunde: der Live-Sampler und Remixer Jan Bang, der Toningenieur Erik Honoré, der Gitarrist Eivind Aarset und der Trompeter Arve Henriksen.

Der Name Punkt führt eigentlich in die Irre. Viel eher müsste von Flächen die Rede sein, von Räumen – und von Ruinen. Denn in den gott- und menschenverlassenen Gegenden, in die man mit diesen Musikern reist, herrscht eine seltsam beschädigte Schönheit. Ferne Sonnen werfen ihr letztes Licht auf verlassene Kultstätten, bevor eine Nacht anzubrechen droht, auf die nie mehr ein Tag folgt. Aus allen Himmelsrichtungen wehen exotische Laute und Töne heran, Ritualfetzen einer untergegangenen Welt, die noch von einem Glauben durchglüht war, Flaschenpost aus einer Zeit vor dem Ende der chronologischen Geschichte.

Schnell vorüberziehende symphonische Schwaden, Bruchstücke mittelalterlicher Gesänge, Vinylknisterfelder, sinistre Geräuschnebel, Richard Wagners wie hinter Schleiern absaufender Tristan-Akkord, afrikanisch anmutende Trommeln, orientalische Melismen, Trümmer ausgestorbener Sprachen, deren Grammatik keiner mehr kennt. Lauter Überreste einst autochthoner Kulturen wollen hier zu einem neuen Esperanto zusammenfinden und schweben im Gravitationsfeld gleichmäßiger Loops. Wenn dann noch Arve Henriksens Trompete ihre zerbrechlichen Fanfaren ins Dämmerlicht malt und sich dem Messing des Instruments eine Zartheit entringt, die eher nach dem Bambus einer japanischen Shakuhachi klingt, ist die Einschmelzung aller Elemente vollkommen.

In ihren gewöhnlichsten Momenten hat diese Musik etwas Illustratives. Sie untermalt einen Bilderstrom, den sie selbst erzeugt. In ihren stärksten Augenblicken aber kündet sie davon, wie sich aus den Ersatzteillagern toter und lebendiger Kulturen eine künftige Zivilisation bauen ließe.

In ihren Mustern von Verschiebung und Verdichtung wirkt sie wie geträumt, und tatsächlich knüpft sie an jene imaginäre Folklore einer Kultur zwischen Archaismus und Futurismus an, die der Trompeter Jon Hassell mit seiner Fourth World Music geschaffen hat. *Dream Theory in Malaya* heißt eines seiner bekanntesten

Alben, das wiederum auf einen Aufsatz des amerikanischen Anthropologen Kilton Riggs Stewart zurückgeht.

Unter den Senoi, einem Stamm im Hochland von Malaysia, wollte er das Utopia eines ewigen Friedens entdeckt haben. Gegründet auf eine von Kindheit an geübte Traumanalyse, aus der heraus sich auch das Leben im Wachen steuern lässt, sehen Traumtherapeuten in den von Stewart dokumentierten Techniken bis heute wertvolle Anregungen. Nach ethnografischen Maßstäben taugen Stewarts Forschungen wenig: Sie sind der Traum von einem Traum, und in ihrer musikalischen Anverwandlung bilden sie sogar den Traum von einem Traum von einem Traum. Jon Hassells somnambule Soundscapes, die Rhythmen der Semelai aus dem malaysischen Sumpfland verwendeten, haben dennoch längst tanzbarere Varianten gezeugt und leben in den aus der House Music geborenen DJ Sets von Ricardo Villalobos oder Call Super fort. Oder sie begründen in den Klangcollagen des Hardangerfiedel-Spielers Erlend Apneseth und des Akkordeonisten Frode Haltli eine ganz und gar nicht mehr imaginäre, sondern ausgesprochen reale neue norwegische Folklore.

18

Eines der berühmtesten Gleichnisse des daoistischen Zhuangzi, des Meister Zhuang zugeschriebenen Buches, lautet: »Der Herrscher über das Südmeer war Shu, der Schnelle, der Herrscher über das Nordmeer war Hu, der Plötzliche. Der Herrscher über die Mitte war Hundun, der Chaotische. Shu und Hu trafen sich von Zeit zu Zeit auf Hunduns Gebiet, und Hundun behandelte sie sehr gut. Shu und Hu berieten, wie sie Hunduns Freundlichkeit erwidern könnten. Sie sagten: ›Alle Menschen haben sieben Öffnungen, durch die sie sehen, hören, essen und atmen können. Allein dieser Hundun hat keine. Versuchen wir, ihm welche zu bohren.‹ Jeden Tag bohrten sie ihm eine weitere Öffnung, aber am siebten Tag starb Hundun.«

Der spirituelle Sinn dieses Gleichnisses lässt sich unschwer erschließen. Die Vielfalt der Sinne, will es sagen, ist nicht unbedingt von Vorteil. Die Fähigkeit, jeden einzelnen von ihnen zu isolieren und einen analytischen Zugriff auf die Welt zu erhalten, führt zum Verlust jener ungeteilten Weltwahrnehmung, die vor der Unterscheidung von Innen und Außen, Subjekt und Objekt liegt. Der gestalt- und gesichtslose Hundun, den der Philosoph Günter Wohlfart mit Ursuppenkloß übersetzt hat, verfügt noch über diese ursprüngliche Fähigkeit. Er ist in sich verschlossen und hat zugleich den Grad seiner maximalen Offenheit erreicht. Er ist zugleich ganz von Sinnen und ganz bei Sinnen: ein embryonales Wesen vor jeder Bewusstheit und jeder Moral.

Soweit geistige Prozesse in ihm wirken, erfährt er sie nicht als solche. Soweit er Körper ist, nimmt es sich nicht in den Empfindungen einzelner Gliedmaßen wahr. Hundun ist ein durch und durch Inneres, das sich nicht als Äußeres erleben kann, und er ist zugleich etwas durch und durch Äußerliches, dem jedes

Innenleben fehlt. Aus eigenem Antrieb würde Hundun niemals zu einem menschlichen Geschöpf heranwachsen, und doch erlebt er die Musik dieser Welt, das Vibrieren über ihm zusammenschwappender Wassermassen, das Murmeln und Fauchen der Vulkane, das Prasseln des Regens, ein Naturgeschehen, das ihn noch in seiner Formlosigkeit formt. Erst als er gewaltsam ins Spiel der zuvor ungeschiedenen Sinne befördert wird, tritt er ein ins sterbliche Dasein. Mit dem vermeintlichen Freundschaftsdienst erfährt er, was Unglück ist: Er erblindet im Sehen, er ertaubt im Hören, er erlahmt im Gehen, und er erkaltet in der Wärme des eigenen Bluts.

Ein Rest dieses daoistischen Versprechens auf eine primordiale Ganzheit, die sich auch durchaus als Schrecken beschreiben lässt, wenn man an die Verkrüppelung der Sinne denkt, die manche von Geburt an trifft, liegt in jener westlichen Achtsamkeitsübung, die dazu auffordert, ins Gehäuse einer großen Muschel hinein zu lauschen, als würde einen dort der Atem Gottes erwarten. Dabei weiß jeder, dass das schlechthin Andere letztlich nur das unwillkürliche Rauschen des eigenen Blutkreislaufs ist, das Echo eines inneren, nur durch eine dünne Hauthülle von meiner Alltagswahrnehmung abgetrennten Kosmos, den ich mit geeigneten Sonden und Mikrofonen auch für andere hörbar machen könnte.

Aber lässt sich nicht alles Innere nach außen wenden und alles Äußere nach innen? Ich stelle mir meine blinde Urgroßmutter vor, wie sie ihre Arme nach mir, dem Kleinkind, ausstreckt, Haare, Wangen und Mund ertastet, jeden meiner winzigen Finger einzeln durch ihre faltigen Hände gleiten lässt und meine Umrisse auf eine Weise nachzeichnet, der ich weinend zu entrinnen versuche. Sie wusste nicht, welche Angst sie mir damit einjagte, ein Bild von mir zu ergattern, das sie nur so gewinnen konnte, und tatsächlich ist mir das Dorf, in dem sie lebte, bis heute unheimlich geblieben.

Ich gehe das von Fliegen summende Treppenhaus hoch, das in den ersten Stock zu ihrer Wohnung führte. Ich tobe zwischen

Scheune und Kuhstall der Bauern im Erdgeschoss herum, ich springe hinüber zur Pfarrkirche auf der anderen Straßenseite, und ich gehe ein paar Schritte zum Friedhof ortsauswärts, nur um Bewegung in die lähmende Beharrlichkeit der Dinge zu bringen. Der weiße Lehnstuhl mit dem herausziehbaren Nachttopf aus Email. Der Wasserkessel auf dem gusseisernen Herd. Der hölzerne Christus an der Wand, die Marienstatue auf der Kredenz, dazu die Heiligenschar der Puppen und Stoffbären, die in den Ecken drapiert waren – Inventar, das ihr gegenwärtig gewesen sein muss, bis der Grüne Star ihr das Augenlicht raubte.

Dabei kann ich die Tastversuche meiner Urgroßmutter gar nicht im eigentlichen Sinn erinnern. Was sich mir eingeprägt hat, setzt sich zusammen aus Besuchen in späteren Jahren, in denen noch eine Tante das wie in einem Museum erhalten gebliebene Urgroßmutterreich bewohnte, aus einer Handvoll Fotografien und den Erzählungen meiner Eltern. Was ich aus zweiter Hand als Bild vor Augen habe, hatte sie buchstäblich aus erster Hand – nur eben bildlos.

Vielleicht war ich für das Einsickern dieser trügerischen Erinnerung auch besonders empfänglich, weil sie fraglos mir gehörte. Sie gehört nicht zu jenen verbreiteten *false memories*, die einem vollständig von außen eingeflößt werden. Jedes Detail trifft zu. Ich staune selbst, wie sich der Raum um die zunächst spurenlose Begegnung mit meiner Urgroßmutter nach und nach mit Einzelheiten füllte. Je mehr ich mir das Künstliche des Vorgangs vergegenwärtige, um so schwerer fällt es mir, den Film, der mir als Jugendlicher in die Glieder fuhr, als Erlebnis zweiter Ordnung abzutun. Werner Herzogs *Land des Schweigens und der Dunkelheit*, ein Porträt der taubblinden Fini Straubinger und ihrer taubblinden Schützlinge, erschütterte mich auch deshalb so sehr, weil er mir endgültig den Kinderglauben austrieb, eine Einschränkung der Sinne könne mit einer insgesamt gesteigerten Wirklichkeitserfahrung einhergehen. Keiner der Schicksalsbrüder und -schwestern, die Fini Straubinger besucht, ist dazu angetan, die Verarmung der Sinne als möglichen Reichtum zu betrachten. Bis auf die stolze Heldin des Films sind sie zumeist elende, in namenloser Einsamkeit gefangene Gestalten, die sich oft nicht einmal über Lormen, das den Fingerspitzen und dem Handinneren zugewiesene Buchstaben- und Lautalphabet, verständigen können.

»Es ist ein solches Erschrecken, wenn mich jemand berührt«, heißt es in einem Zwischentitel.

Werner Herzog hat diesen Satz Fini Straubinger wie vieles andere in den Mund gelegt – nicht anders als die Erinnerung an ein Skispringen, das sie angeblich als kleines Mädchen besuchte, bevor sie ihr Augenlicht verlor. Das Schweben der Männer durch die Luft, von dem sie so überzeugend erzählt, muss sie sich im Auswendiglernen und Aussprechen als etwas angeeignet haben, das ihr schließlich selbst als denkbare Vergangenheit erschien. Im Dienst einer künstlerischen Suggestion wurde sie zur Komplizin einer autobiografischen Lüge. Für den Zuschauer lässt sich die Unwahrheit aber nicht als solche erkennen, und obwohl wir ständig auf unsere eigenen Erfindungen hereinfallen und daraus sogar Kraft schöpfen, kommt es doch wohl darauf an, die Sphären nach bestem Wissen und Gewissen auseinanderzuhalten.

19

Fast so gut wie die Orte meines wirklichen Lebens kenne ich die Schauplätze meiner Träume, deren Hauptspielstätten sich zu einer mittelgroßen deutschen Stadt zusammenfügen. Sie ähnelt weder derjenigen besonders, in der ich aufgewachsen bin, noch derjenigen, in der ich seit vielen Jahren lebe. Die geträumte Stadt liegt an einem Hang, der sich in manchen Nächten zum Berg auswächst. Sie wird von allen möglichen Straßen und Schleichwegen durchquert, die mir gewöhnlich ein schnelles Fortkommen ermöglichen, sich aber auch unversehens in ein Netz von Um- und Irrwegen verwandeln können. Ich gehe dann, obwohl ich mir sicher bin, eine tausendmal gegangene Abkürzung genommen zu haben, im Kreis. Ich stecke in Fußgängertunneln oder Felsdurchschlupfen fest, und je eiliger ich es habe, desto hartnäckiger sitze ich manchmal in der Falle. Im Lauf der Jahre habe ich deshalb nur ein einziges Mal rechtzeitig den Flughafen erreicht. Der Bus, mit dem man ihn über mehrere Spitzkehren erreicht, hat mich zu oft im Stich gelassen – wenn ich nicht überhaupt wieder einmal mein Ticket verlegt, meinen Reisepass verloren oder vergessen hatte und abgewiesen wurde.

Immerhin weiß ich, dass ein Außen existiert, auch wenn es seinerseits nur geträumt ist. Zur Welt des Wachbewusstseins unterhält es bei allen erkennbaren Verbindungen keinen funktionierenden Grenzverkehr. Grundsätzlich bin ich in meiner Traumstadt aber so gerne zu Hause, dass mich die Abschottung der Sphären voneinander nicht weiter stört. Was mir meine geträumte Stadt durch die Unzuverlässigkeit ihrer Gestalt an Ärgernissen und Ängsten schon auferlegt hat, macht sie durch die Zuverlässigkeit ihrer sonstigen Lebensbedingungen wieder wett. Es regnet wenig, es herrscht eine Art Dauerfrühling, und ich habe dort schon ganze Abende mit Menschen verbracht, die sich im normalen Leben nie mit mir verabreden würden.

Auch die Wirklichkeit träume ich benommen manchmal exakter, als ich sie hellwach erinnere. Eines frühen Morgens, die Schlaflosigkeit flimmert unter meinen Lidern, öffnet sich die Tür zu einem Hinterhofzimmer, das ich vor Jahrzehnten einmal bewohnt habe. Lange hatte ich das muffige Interieur nur noch vage vor Augen. Doch nun springt mir unerwartet der abgeschlagene Resopaltisch vor dem Fenster entgegen, an dem ich so ungern saß, dass ich sogar meine Mahlzeiten im Stehen einnahm. Währenddessen beobachtete ich, wie draußen in der Lieferzone meines Vermieters, einem Parkettlegemeister, abwechselnd der blaue Mercedes des Seniorchefs und der beige Kombi des Juniorchefs vorfuhren, ein sichtbar vom Vater geknechteter Sohn, den das ganze Elend seiner Unterdrückung so verlangsamt hatte, dass er auf dem Hof wie in Zeitlupe Fuß vor Fuß setzte, als könnte er sich so aus seiner Rolle davonstehlen.

In den Obstkisten auf dem Boden kann ich zwischen meinen Langspielplatten blättern. Über dem Heizkörper steht auf dem schmalen Bücherbord die einbändige Ausgabe von Lichtenbergs Schriften, in denen ich meine Bargeldvorräte aufbewahrte. Alles lässt sich bis ins letzte Detail inspizieren. Sogar der Zettelblock im Türstock, auf dem mir Freunde Nachrichten hinterlassen konnten, hängt noch immer. In meiner Begeisterung, so unerwartet an diesen Ort zurückgekehrt zu sein, vergesse ich nachzusehen, was dort gekritzelt steht. Die schiere Möglichkeit, das Zimmer, in dem ich gerade einmal drei Schritte vor und drei zurück tun konnte, frisch durchgefegt und staubgewischt noch einmal zu betreten, beschert mir ein Hochgefühl, das schlicht darin besteht, dass ich es so wenig wie alle anderen Zimmer meines Lebens verlieren konnte. Der Schlüssel lag die ganze Zeit unter der Matte. Ich hatte nur keine Anstalten gemacht, ihn hervorzuholen.

Mit Musik, die mich einmal begleitet hat, geht es mir, gerade wenn ich sie seit einer halben Ewigkeit nicht mehr gehört habe, genauso. Wie viele Alben habe ich geradezu physisch bewohnt, wie viele haben mich bis in die letzte Faser meines Körpers ausgekleidet. Über Wochen, Monate, teils Jahre habe ich sie inhaliert, ausgeschwitzt und wieder inhaliert. Die Intensität rührte auch daher, dass die Auswahl, auf die ich zurückgreifen konnte, stark begrenzt war. Musikalisch bin ich in einer Gesellschaft des Mangels aufgewachsen. Mit jedem Album, das wir als Jugendliche ergatterten und dann untereinander verliehen, rüttelten wir an dem Horizont, in den wir uns eingesperrt fühlten. Jeder Ausflug in den Schallplattenladen der nächstgrößeren Stadt war ein Abenteuer, und wenn uns der experimentellen Klängen erstaunlich aufgeschlossene Rundfunk nicht einen Vorgeschmack gegeben hätte, was uns an diesen fernen Gestaden erwartete, wären wir zuweilen fast ohnmächtig geworden.

Dies war der Eintritt in die Geschichte des bewussten Hörens. Ich bin mir unschlüssig, ob es nicht mindestens so wichtig wäre, die Vorgeschichte dessen, was ich als Initiation erfuhr, zu erzählen: Szenen einer musikalischen Erziehung, die ich durchaus ebenso lebendig erinnere, die mir aber eher widerfuhren, als dass ich sie gestalten konnte. Der Klavierunterricht, der mir nicht ganz freiwillig zuteilwurde. Die Schlagerbegeisterung des Kindes, die sich zu internationalen Teenie-Hits hin verlagerte. Die Rituale klassischer Konzerte, deren Reichtum kaum zu mir durchdrang, obwohl ich heute weiß, dass ich erstklassige Interpreten erlebte. Diese Musik liegt, so geläufig mir die Umstände ihres Hörens sind, wie hinter einem Schleier. Erst was danach, ab zwölf oder 13 Jahren kam, hat sich vollständig in mir abgelagert, auch wenn ich beim Nachsingen oder Nachspielen einzelner Töne schnell versage: Es ist ein ganz und gar inneres Archiv, über das ich verfüge.

Nicht alles gehörte unmittelbar zu meiner Generation. Doch es war das, aus dem ich mir, ganz nach Verfügbarkeit, meine Welt baute. Der eisige Zauber des Velvet-Underground-Debüts mit Nico. Der psychedelische Jimi Hendrix von »Electric Ladyland«. Der

Britfolk von Nick Drake und John Martyn. Patti Smiths erste Alben. Die Endlosjams der Grateful Dead, der jazzinfizierte Charme von Soft Machine, der elektrische Miles Davis und die frühen Weather Report, der maschinelle Beat von Can. Musik, die mich unweigerlich als Kind meiner Zeit ausweist, von deren unmittelbaren Aktualitäten ich mich mindestens so sehr mitreißen ließ, wie ich aus ihnen herauszutreten versuchte. Es gibt eine Phase der unbewussten Vorwegnahme von Strömungen, eine der nachträglichen Übereinstimmung mit dem von den eigenen Freunden Akzeptierten, aber auch frei Wähl- und Verhandelbares, innerhalb dessen man sich auf das einlässt, was einem entspricht.

Ich kenne wenig Erregenderes, als sich von den derart im Laufe eines Lebens zusammengetragenen Tonmassen den Körper ausgießen zu lassen. Einen Körper, der ich einmal war, nicht mehr bin und doch noch sein kann. Einen zweiten Körper, der sich innerhalb des ersten bis hinunter zu den Zehenspitzen dehnt und streckt, sobald ich einer dieser Inkarnationen meiner selbst von Neuem begegne. Körper, die einander überlagern und verdrängen, abgestorbene Körper, die unvermutet zu neuem Leben erwachen. Keiner von ihnen hat sich tiefer eingesenkt als mein Coltrane-Körper, den ich, nachdem ich ihn mit jedem Ton, der mir zwischen die Finger kam, im Lauf von zwei oder drei Jahren erst feingliedriger als jeden anderen ausgestaltet hatte, bald von mir fernhalten musste. Ich hatte mir eine regelrechte Coltrane-Vergiftung zugezogen, die erst abklingen musste, damit ich mich wieder auf die süße, zwischen Moll und Dur pendelnde Schärfe des Sopransaxophons von *My Favorite Things* einlassen konnte, oder auf die religiöse Inbrunst seines Tenorsaxophons in »Resolution«, dem zweiten Satz der Suite von *A Love Supreme*. Stücke, die bei allem, was sich in ihnen harmonisch bewegt, über modale Unendlichkeiten hinwegfließen.

Ähnlich kehre ich manchmal in den Berg eines schon halb vergessenen Romans zurück. Ich kämpfe mich durchs Unterholz der ersten Kapitel, um den Einstieg zu dem Stollen wiederzufinden, den ich bei meiner letzten Lektüre hindurchgetrieben habe. Ich klettere über Gesteinsbrocken, die mir bekannt vorkommen, begegne Figuren, die mich freudig zu begrüßen scheinen, und solchen, die mir abweisend ins Gesicht starren, als müssten sie mich nicht von meinen früheren Besuchen her kennen. Dabei steht jeder Satz so unverrückt da wie eh und je. Nur erscheinen mir ganze Seiten, die ich einst als zwingend formuliert empfand, nun als brüchig, Mitreißendes offenbart sich mir als öde und umgekehrt. Meine Stirnlampe leuchtet andere Wörter an, ich setze meine Füße in einem anderen Rhythmus voreinander, und so lebendig meine früheren Lektüren in mir sind, ja sosehr ich mich nach ihnen zurücksehnen kann, komme ich nicht umhin, mich für erfahrener, kundiger und urteilssicherer als meine früheren Ichs zu halten. Und wenn es an der Zeit ist, wieder an die Oberfläche zu klettern, frage ich mich, ob ich, in hundert Jahren, wenn ich dazu denn in der Lage wäre, nicht ebenso befremdet auf meinen jetzigen Leseweg zurückschauen würde, als wüsste ich nicht: Es war niemals ich, der sich in diesen Text begeben hat, der Text hat mich durchquert.

20

Inmitten der alles verlangsamenden fränkischen Lethargie, in der Bayreuth dahindämmert, kreuzen sich unweit des Marktplatzes die Kraftlinien dreier großer Künstler. Gleich gegenüber von Richard Wagners Haus Wahnfried, hinter dem sich zum Hofgarten hin auch das Grab befindet, liegt die ehemalige Villa seiner Tochter Eva und deren früh verstorbenen Mannes Houston Stewart Chamberlain, dessen völkischen Geist die Stadt seit einer Weile mit dem Gedenken an den Luftschiffer, Bierbuddha und Dichtertitanen Jean Paul auszutreiben versucht. In derselben Straße, ein paar Schritte weiter, findet sich zudem das zum Museum umgebaute Sterbehaus von Wagners Schwiegervater Franz Liszt. Im Vergleich ist es der unscheinbarste Ort. Wo Wagners Welt, didaktisch aufgefrischt, inzwischen in angemessener Beleuchtung erstrahlt, schlummert Liszt noch unter trüben Vitrinen. Anders als die Liszt-Museen in Weimar, Budapest oder im burgenländischen Raiding ist es jedenfalls kein Ort, der jemanden, der von Liszts Bedeutung nichts wüsste, für seine Musik gewinnen würde.

Dennoch hatte das Museum für mich immer eine ganz eigene Anziehungskraft. Insbesondere geht mir ein Erlebnis nach, das ich nie mehr aufklären konnte. Ich musste wohl übernächtigt sein, damit mich ein Geiger aus einer Fotografie heraus über den Abgrund von bald zwei Jahrhunderten so lebendig fixieren konnte, als stünde er mir gegenüber. Es war, wenn mich mein Tagebuch nicht betrügt, der zweite Geiger eines Streichquartetts aus dem Geiste Liszts, dessen Namen ich so wenig behalten habe wie den des Ensembles. Nach einem Konzert in einer ungarischen Kleinstadt hatte er sich im Kreis seiner Kollegen porträtieren lassen: das einzige Zeugnis einer Aufführung, deren Programm ansonsten nicht festgehalten war. Es gab nichts, was mich speziell auf ihn hätte stoßen müssen, außer dass mich sein Blick aus der Aufnahme ansprang, als hätte er auf mich gewartet.

An diesem müden Sonntagnachmittag schauten mich die Gemalten und die Fotografierten alle etwas aufmerksamer an, als es die Gleichgültigkeit, mit der sie sonst ihrem Publikum und mir begegnet waren, je zuvor erlaubt hatte: die Mutter des Komponisten, die Geliebte Marie d'Agoult, die Kinder. Doch keiner von ihnen verfügte über das Charisma dieses zweiten Geigers, der im Liszt-Universum allenfalls eine Nebenrolle spielte. Vielleicht war ich für seinen Blick so empfänglich, weil ich selbst mich ausgeblichener fühlte als jeder ausgestellte Brief. Ich war ein Wesen an der Grenze zur Unsichtbarkeit mit einem gerade noch merklichen Herzschlag, der jederzeit verstummen und von einer Fotografie verschluckt werden konnte. Und ich dachte mir: Eines Tages wirst auch du die Seite wechseln, hinter einem gläsernen Rahmen verschwinden und viel Glück brauchen, damit jemand deinen Blick auffängt und dich, wo immer du dann bist, vielleicht ein unerwarteter Impuls ereilt, dass es dich einmal gegeben hat.

Ein oder zwei Jahre später, immer noch im Bann dieser Begegnung, wollte ich die Freundschaft mit meinem ungarischen Geiger in wacherem Zustand erneuern. Ich fand ihn nicht mehr. Mehrmals machte ich die Runde, in der Hoffnung, dass es nur ein Mangel an Aufmerksamkeit war, der mich ergebnislos durch die Kabinette irren ließ. Die einsame Museumsangestellte sah mich mitleidig an, schüttelte über mein Begehren den Kopf und konnte mir nur versichern, dass seit meinem letzten Besuch nichts umgeräumt worden sei.

Ich hatte von solchen scheinbar unerklärlichen Vorkommnissen schon gehört. Ja ich musste mir eingestehen, dass ich sie selbst schon weniger intensiv erlebt hatte, ohne dass ich ein einziges erinnern konnte. Es waren aus meinem Gedächtnishaushalt ausgeschiedene Momente, die mir das Leben unnötig schwer gemacht hätten; Irritationen, aus denen sich glatt ein paralleles

Bewusstsein hätte entwickeln können; Überlagerungen und Kontraktionen, die ganze Reihen leicht variierender Doppelgänger ausbrüten würden, wenn ihnen nicht der Segen des Vergessens Einhalt geboten hätte.

So unzugänglich mir diese Erinnerungsschichten geworden sind, bilden sie doch den Grund, über dem ich zuverlässigere, mit Familie und Freunden teilbare Fiktionen errichte. Konstruktionen, von denen ich annehme, dass sie notfalls sogar vor Gericht Bestand hätten. Wie schwankend jedoch selbst der Boden eines von keinerlei Demenz getrübten Bewusstsein sein kann, hat mir niemand nähergebracht als der Dichter Yves Bonnefoy in den beiden Prosastücken über eine metaphorische *Rue Traversière* seiner Heimatstadt Tours, die mir durch meine Liszt-Verwirrung wieder in den Sinn kamen.

Bonnefoy schildert die Rue Traversière als Kindheitsstraße, die am einen Ende, wo er wohnte und zur Schule ging, das schlechthin Vertraute bedeutete, am anderen Ende aber, wo sich ein botanischer Garten befand, in eine verheißungsvolle Ferne führte. Während der erste Text davon berichtet, wie er sie als Erwachsener wiederfand, erzählt der zweite davon, wie sie ihm wieder entglitt. Im Gespräch mit jemandem, der in seiner Beschreibung die Gegend entdeckte, in der auch der andere aufgewachsen sein wollte, stößt Bonnefoy schnell auf störende Details: anstelle des botanischen Gartens auf einen erzbischöflichen Garten, den er gleichwohl oft durchquerte; auf strahlende Bürgerhäuser, die sich mit den ärmlichen Bauten seiner Erinnerung nicht decken. Und so verheddert er sich, im Bemühen, seine innere Rue Traversière mit dem Stadtplan in Übereinstimmung zu bringen, in fruchtlosen Selbstbefragungen. »Wo nur befindet sich diese Straße, die alles in mir kennt, die *ist*, und wie heißt sie? Wo ist ihre wirkliche Stelle in diesem Netz ebenso wirklicher Örtlichkeiten, die sie dennoch auszuschließen scheinen?« Und damit nicht genug: »Welches war die *andere* Rue Traversière? Wie konnte ich nur so lange Zeit mit zwei unterschiedlichen Erfahrungen leben, zwei Gedächtnissen, die niemals aufeinander abfärbten? Wer ist in mir derjenige, der beginnt, wenn der andere, oder ein anderer, und welcher andere, das kleine Haus am Kanal betritt, wo ein Bambusgebüsch in dem Geviert des winzigen Gartens steht - wo man vor zwei Jahren eingezogen ist, wo der Vater stirbt, wo man bald wieder ausziehen wird?«

Bonnefoy führt mich an dieser Stelle hinaus aus dem Bayreuther Geniedreieck, erst recht, weil ihm Liszts improvisierender Gestus mit den ebenso mitreißenden wie abstoßenden Klanggewittern und dem Furor des Klaviervirtuosen, der sich seinen Eingebungen hemmungslos hingab und sie in orchestrale Tondichtungen übertrug, fremd gewesen sein muss.

Wenn mir Jean Paul, bei allem romantischen und humoristischen Blut, das in seinen Adern fließt, literarisch als der ungezügeltere Liszt erscheint, liegt das nicht zuletzt an einer rein topografischen Nähe. Dieser keine Kapriole auslassende Erzähler, dessen Lebenszeit diejenige von Liszt und Wagner nur noch streifte, ohne dass sie einander jemals begegnet wären, dachte und empfand in musikalischen Kategorien. Von Jugend an war Sprache das Instrument, mit dessen Hilfe er seine Einbildungskraft wuchern ließ; sie war die Maßlosigkeit, in der er seine Freiheit fand. Es blieb Komponisten wie seinem Verehrer Robert Schumann vorbehalten, Jean Pauls über alle Ufer tretende Sprachmacht in Töne zu fassen.

21

Wie es klang, wenn Franz Liszt zu fantasieren anfing, ist bloße Vermutung. Aber vieles spricht dafür, dass es die Bahnen dessen, was noch heute Organisten als bloße Formen- und Variationenlehre vermittelt wird, höchstens durch die Weite der Auffassungsgabe und die technische Meisterschaft sprengte. Die systematische *Anleitung zum Improvisieren auf dem Pianoforte*, die Liszts Lehrer Carl Czerny schrieb, gab schon Liszts zeitgenössischen Konkurrenten dekorative Elemente an die Hand, mit denen sich jedes gegebene Thema aus einem gut vorbereiteten Stegreif betrachten ließ.

Die europaweite Lisztomanie Mitte des 19. Jahrhunderts hatte immer Freunde und Gegner. In der Ankündigung zu einem Darmstädter Konzert, die als Zeitungsausschnitt in einer der Bayreuther Vitrinen liegt, gerät ein gewisser D.-M. in der *Großherzoglichen Hessischen Zeitung* vom 6. Oktober 1845 außer sich: »Er spielt nicht, sondern er dichtet und lebt in den Tönen. Dieses Clavier, sonst ein lahmes Werkzeug der Langenweile wird unter seinen Meisterhänden zum Flügel der Bewunderung; es erfüllt selbst den blasirten Hörer mit Staunen und Entzücken, und die Schauer der Schönheit rieseln ihm durch die Seele, wenn das Genie Liszt's durch ein so unvollkommenes und alltägliches Organ so mächtig und erschütternd und hinreißend zu ihm spricht.« Liszt, so der Kritiker, sei »ein Geist der sich vermöge erstaunlicher Kraft der Sympathie mit Allem associrt und zusammengelebt hat, was unsere reiche fortschreitende Zeit in Kunst und Leben an Großem, Herrlichen und Neuen aufweist. Daß also von seiner gigantischen Schöpfungs- und Reproductionskraft nicht die stillbehagliche Schwärmerei und geglättete Ziererei einer vergangenen Periode, sondern der drängende Sturm der geistigen Bewegung von Jetzt zu erwarten ist, das errät wohl Jeder, der die Bedeutung unserer Tage und ihre Anspiegelung in einer großen Künstlerseele versteht.«

Ein Jahr zuvor hatte Liszts Bewunderer und spöttischer Widersacher Heinrich Heine in Paris die Wirkung ganz anders erlebt: »Die elektrische Wirkung einer dämonischen Natur auf eine zusammengepreßte Menge, die ansteckende Gewalt der Eckstase, und vielleicht der Magnetismus der Musik selbst, dieser spiritualistischen Zeitkrankheit, welche fast in uns allen vibrirt – diese Phänomene sind mir noch nie so deutlich und so beängstigend entgegengetreten wie in dem Concert von Liszt.«

Diese Zwiespältigkeit hat sich nie verloren. In seinen Notizen über die Schlaflosigkeit schimpft Ivo Andrić über Liszts Klavierkonzert A-Dur: »Ein alter Onkel erzählt und erzählt, und am Ende jedes Satzes wird klar, dass er nicht weiß, wie der nächste lauten wird, sich aber sicher ist, auch ihn noch auszusprechen. Er erzählt nicht, sondern tötet. Doch dann auf einmal – eine Oase. Eine Oase voller Grün, Kühle, Früchte, Menschen und Rauschen guten Wassers. Das Klavier spricht allein. Es hext und zaubert. Schöner als jede Schönheit. Aber zum Teufel, kaum habe ich das gedacht, da sehe ich schon, dass der Alte wieder einen seiner Sätze angefangen hat, als spräche er zu Tauben, immer tosender und quälender, er zerrt mir am Mantelknopf.«

Sanfte Worte, verglichen mit dem Fiebertraum, den Ken Russell fast hundert Jahre nach Liszts Tod mit *Lisztomania* auf die Leinwand brachte, ein Slapstick-Musical mit Roger Daltrey, dem Sänger der Who in der Titelrolle, das sich für nichts zu schade ist – außer seinen Helden ernst zu nehmen. Erst bringt Liszt seinen buchstäblich blutsaugerischen Konkurrenten Richard Wagner mit einem Flammenwerfer am Klavier zu Tode, später ersteht dieser als Hitlerfigur wieder auf und schießt sich mit einer zur Maschinenpistole umgebauten E-Gitarre den Weg frei. *Lisztomania* ist ein Stück alternativer Musikgeschichte als Freakshow, ein übermütiges Gegengift gegen alle Hagiografien.

Gemessen an der grotesken Erfindungsgabe von Jean Paul ist aber sogar der Liszt in Pop übersetzende Ken Russell nur ein grobschlächtiger Zirkusdirektor. Welche Fährnisse übersteht etwa Gustav von Falkenberg, der Held von Jean Pauls Debütroman *Die unsichtbare Loge*, der an seinem achten Geburtstag aus der unterirdischen Höhlung entlassen wird, in der er sein ganzes bisheriges Leben in Gesellschaft eines Herrnhuter Erziehers und eines schwarzen Zwergpudels verbracht hat. Er erlebt seine Geburt zum wahren Leben als musikalische Erweckung. Zum ersten Mal hört er, vermählt mit einem von oberhalb der Erde herabklingenden Waldhorn, seinen Lehrmeister einen Text singen, der ihm nur als Sterbelied geläufig war. Eine Szene, auf die Wagner stolz sein könnte. Oder »Das zertierende Konzert« in den *Flegeljahren*: der satirische Bericht des glücklosen Flötisten Vult an seinen Zwillingsbruder Walt über eine Orchesterprügelei zwischen Anhängern der deutschen und der italienischen Tradition, bei der Rücken- und Geigenwirbel um die Wette knacken.

Aus diesem Jean Paul Friedrich Richter wäre aber wohl auch kein Musiker geworden, wenn ihm sein Vater, Dorfpfarrer im oberfränkischen Joditz, statt ihn und seine Geschwister in Katechismus und Latein zu unterrichten, nicht frühzeitig einen ordentlichen Klavierunterricht zugedacht hätte. Als Pianist blieb er zeitlebens Autodidakt. Schon nach den ersten Stunden bei Kantor Gressel in Schwarzenbach an der Saale drängte es ihn zu einer »Selberfreilassung vom Unterrichte«. Klavierspielen war für ihn eine Art obsessiver Selbstbewegung, die ihn nicht selten in Tränen ausbrechen ließ. »Stunden«, notiert er in seiner *Selberlebensbeschreibung*, »widmete ich auf einem alten verstimmten Klaviere, dessen Stimmhammer und Stimmeister nur das Wetter war, dem Abtrommeln meiner Phantasien, welche gewiß freier waren als irgend kühne in ganz Europa, schon darum, weil ich keine Note kannte und keinen Griff und gar nichts; denn mein so klavierfertiger Vater wies mir keine Taste und Note. Aber wenn ich doch zuweilen – wie gute neue Tonsetzer für Seil- und Hexentänze und Finger auf Klaviersaiten – eine kurze Melodie oder Harmonie von drei bis sechs Saiten aufgriff: so war ich ein seliger Mann und wiederholte den Fingerfund so unaufhörlich wie jeder gute neuere deutsche Dichter einen Gehirnfund von Manier.«

In den von Ernst Förster gesammelten Nachlassblättern bekennt er: »Nichts erschöpft und rührt mich mehr als das Phantasieren auf dem Klavier. Ich könnte mich todt phantasieren. Alle untergeordneten Gefühle und Geister steigen herauf; meine Hand und mein Auge und mein Herz wissen keine Grenze; endlich schließ' ich mit einigen ewig wiederkehrenden, aber zu allmächtigen Tönen.«

Zeugen berichten, dass diese Selbstberauschung sogar vor Publikum kein Ende fand. Jean Paul konnte, für eine kurze Ablenkung ans Klavier gebeten, eine ins Stocken geratene fröhliche Abendgesellschaft in Sekunden zu einem Konzertmarathon umfunktionieren, bei dem er der Einzige war, der zusehends in Trance verfiel, während die anderen Gäste längst auf Flucht sannen.

22

Die Erfahrung von Zeit hat in der westlichen Musik über Jahrhunderte keine besondere Rolle gespielt. Die harmonische Vertikale herrschte über die Horizontale. Töne wurden als Punkte im Raum konstruiert, und Johann Sebastian Bach avancierte zu seinem erhabensten Architekten. Unabhängig von Tempobezeichnungen und realer Dauer ließ sich Musik so als Partiturobjekt studieren. Jeder einzelne Ton steht im Verhältnis zum nächsten. Musik war ein Sternenhimmel mit wechselnden Vektoren und Anziehungskräften.

Die Gestaltung von Zeit war von jeher das Grundgeschäft der erzählenden Künste. In der Literatur gehört dieses Privileg den stoffsatten Welten von Drama und Roman. Die diätbewusstere Lyrik dagegen ist der Musik bei allen großen Gesten, zu denen sie fähig ist, darin verwandt, dass für sie oftmals rhythmische Aspekte auf der rein klanglichen Ebene im Vordergrund stehen. Doch nur Sprache kann Zeit auf eine Weise raffen und dehnen, an die die auf allen Ebenen mit sich selbst identische Musik nicht heranreicht. Von sich aus kann sie die Zeitachse weder stauchen noch strecken, sie kann nichts weglassen oder überspringen. Das Auseinandertreten von Erzählzeit und erzählter Zeit bleibt ihr verwehrt. Sie ist die träumerischste aller Künste, bildet in ihrer Unfähigkeit zu Metaphern und Metonymien aber keine eigene Traumlogik aus.

Thomas Mann verweist im *Zauberberg* auf die gegensätzlichen Strukturen von Literatur und Musik: »Kann man die Zeit erzählen, diese selbst, als solche, an und für sich? Wahrhaftig, nein, das wäre ein närrisches Unterfangen! Eine Erzählung, die ginge: ›Die Zeit verfloss, sie verrann, es strömte die Zeit‹ und so immer fort, – das könnte gesunden Sinnes wohl niemand eine Erzählung nennen. Es wäre, als wollte man hirnverbrannterweise eine Stunde lang ein und denselben Ton oder Akkord aushalten und das – für Musik ausgeben.«

Die erzählerische Erschütterung des Chronologischen hat früh begonnen. Schon Laurence Sternes *Tristram Shandy* schleifte die Linearität der Zeit, doch erst Marcel Proust machte in *À la recherche du temps perdu* daraus ein Forschungsunternehmen. Er wollte dem Perspektivismus der menschlichen Wahrnehmung von Erleben und Erinnern auf den Grund gehen. Die Musik kann daran höchstens rütteln. Am erfolgreichsten ist sie dabei in der Regel mit einem Verfahren der Gleichzeitigkeit, das die Literatur in den Romanen von John Dos Passos, in Alfred Döblins *Berlin Alexanderplatz* oder in *Ulysses* von James Joyce wiederum nur simulieren kann. Unter Komponisten war darin niemand origineller als Charles Ives.

Igor Strawinsky erklärt in seinen Harvard-Vorlesungen über *Musikalische Poetik*: »Die bildenden Künste bieten sich uns im Raum dar: wir haben einen Gesamteindruck, bevor wir nach und nach in Ruhe die Einzelheiten entdecken. Aber die Musik ereignet sich im zeitlichen Ablauf und erfordert die Wachsamkeit des Gedächtnisses. Folglich ist die Musik eine Zeitkunst, während die Malerei eine Raumkunst ist. Sie setzt vor allem eine gewisse Ordnung der Zeit voraus, eine Chronomomie, wenn man uns diese Wort-Neubildung gestatten will.«

Unter dem Einfluss eines Freundes, des Musikkritikers Pjotr »Pierre« Petrowitsch Suwtschinski, einem Russen, der wie er nach Frankreich emigriert war, gibt Strawinsky allerdings zu bedenken: »Jeder weiß, dass die Zeit auf verschiedene Weise abläuft, je nach der inneren Disposition des Subjekts und nach den Ereignissen, die sein Bewusstsein affizieren. Die Erwartung, die Langeweile, die Angst, die Freude und der Schmerz, die Besinnlichkeit erscheinen so als verschiedene Kategorien, zwischen denen unser Leben abläuft; jede von ihnen bewirkt einen besonderen psychologischen Prozess und hat ihr eigenes Tempo. Diese Veränderungen der psychologischen Zeit sind nur wahrzunehmen durch die Beziehung auf das (bewusste oder unbewusste) Grundgefühl der wirklichen Zeit – der ontologischen Zeit. Das besondere Wesen des musikalischen Zeitbegriffs besteht darin, dass dieser entweder jenseits der psychologischen Zeitkategorien oder gleichzeitig mit ihnen entsteht und sich entwickelt.«

Der chinesische Regisseur Bi Gan, einer der großen Zeitmetaphysiker des zeitgenössischen Kinos, zitiert in seinem Spielfilm *Kaili Blues* aus dem 18. Kapitel des buddhistischen Diamant-Sutra: Vergangenes Bewusstsein lässt sich so wenig ergreifen wie gegenwärtiges oder zukünftiges. Wer sich nur an eine einzige Schicht des Erlebens hält, so könnte man die Lehre aus diesen Unterredungen des Buddha mit dem Bodhisattva Subuthi zuspitzen, wird den Kontakt zu allen dreien verlieren. Inspiriert von Andrej Tarkowskis *Stalker*, errichtet Bi Gan ein Traumlabyrinth, das in eine schnittlose Sequenz von 41-minütiger Dauer mündet. Sie führt die versprengten, wenn man so will realistischen Motive der ersten Filmhälfte in einem der linearen Zeit enthobenen Dorf zusammen: Um es zu erreichen, muss man nicht von ungefähr einen Fluss überqueren.

Mit *Eines langen Tages Reise in die Nacht* hat Bi Gan das Oniristische seiner Vision noch gesteigert – und die abschließende Plansequenz auf eine Stunde ausgedehnt. Der Film begleitet einen Mann auf der Suche nach einer verlorenen Geliebten. Es lässt sich schwer sagen, ob sie schon immer ein Trugbild war oder ob der Mann die Frau, die er am Ende findet, zum Objekt einer Projektion macht. Auf einer nächtlich illuminierten Karaoke-Freiluftbühne sitzt sie auf dem Dorfplatz vor dem Schminkspiegel und zupft sich in Vorbereitung auf ihren Auftritt die Augenbrauen, während der Mann in ihrem Beisein eine Wunderkerze entzündet. Gemeinsam schlendern sie zu einem ausgebrannten Haus, in dem die Frau offenbar einmal zu Hause war. Nur ein altes Gitterbett verrät etwas von seinem früheren Leben. Dort beginnt mit einem ersten Kuss nun ein neues. Minuten später fährt die Kamera langsam über Treppen und Mauerecken in die Karaoke-Kulisse zurück, wo die Wunderkerze, als wäre in ihrem Sekundenleben nicht ein Vielfaches an Zeit vergangen, noch immer Funken sprüht.

Ein solches Bild der angehaltenen und sich ausdehnenden Zeit grenzt an das *nunc stans*, das stehende Jetzt, der Scholastiker. Musik kann darauf nur neidisch sein. Sie mag dickflüssig wabernd das Grenzenlose beschwören, in minimal changierenden hypnotischen Mustern das Zeitempfinden auslöschen oder, wie bei Anton Webern oder György Kurtág, komplexe Vorgänge zu Stücken extremer Kürze einkochen: Aus der ihr zur Verfügung stehenden Zeit springt sie nicht heraus. Sie quillt auch nicht nachträglich auf wie eine verholzte Rose von Jericho im Wasserglas. Das können Gedichte, für deren Lektüre es keine feste, nicht einmal eine ideale Geschwindigkeit gibt, sehr viel besser.

Am nächsten bin ich einer musikalischen Traumlogik in einem Konzert der Schweizer Jazzpianistin Marie Kruttli gekommen. Die vor sich hintastende Sprödigkeit ihrer Musik war nicht einmal besonders originell: Ihr Lyrismus erinnerte mich an Marilyn Crispell, doch ihre vielgliedrige Zerbrechlichkeit besaß eine eigene Magie.

Müde und unruhig war ich die Stufen zu dem Club hinabgestiegen, in dem sie zusammen mit einem Kontrabassisten und Schlagzeuger auftrat. Nach einer halben Stunde hatte ich das Gefühl, es sei bereits mindestens eine Stunde vergangen. Nach anderthalb Stunden wähnte ich mich, ohne mich nach einem Ende zu sehnen, in unabsehbaren Weiten, die nur einen abrupten Abschluss fanden, weil dem Bassisten die D-Saite riss. Ich kann mir die erstaunliche Verlangsamung meiner inneren Uhr nur so erklären, dass das bewusst lockere Nebeneinander der drei Stimmen, die aufeinander zu stolperten, sich kurz vereinten und dann wieder, sich aneinander reibend, auseinanderfielen, ehe sie erneut aufeinander zu steuerten, auf einer Vervielfachung der Zeitmaße beruhte. Ich folgte, nicht ganz unähnlich meiner Erfahrung mit Morton Feldmans *For Philip Guston*, jedem einzelnen von ihnen. Inmitten des löchrigen, metrisch immer wieder gegeneinander verschobenen Zusammenhalts entwich die Zeit, die Klavier, Bass und Schlagzeug miteinander teilten, nach allen Seiten. Ein Schlupfloch nach dem anderen tat sich auf, und ich nutzte die Gelegenheit, um durch jedes einzelne von ihnen in die benachbarten Welten zu schauen.

Die beiden großen Zeitphilosophen in der Musik des 20. Jahrhunderts, Karlheinz Stockhausen und Bernd Alois Zimmermann, haben darauf auch kompositorische Antworten gesucht. Stockhausens Verdienst besteht darin, dass er Mitte der 1950er Jahre entdeckte, wie pulsierende Einzeltöne bei zunehmender Beschleunigung erst einen Brummton und bei weiterer Beschleunigung eine klare Tonhöhe ergeben. Stockhausen arbeitete mit »Zeitspektren«, die für den Zuhörer nicht mehr als zeitliche Vorgänge erlebbar waren. Er konnte Tonhöhe und Tondauer wie in seinem Orchesterwerk *Gruppen* einem einzigen seriellen Prinzip unterwerfen. 1957 erschien sein Essay *... wie die zeit vergeht ...*, im Jahr darauf Zimmermanns *Intervall und Zeit*, die denkbar prägnanteste Einführung in die Problematik einer Musik, die »inneres und effektives Zeitmaß«, erlebte und messbare Dauer, versöhnen will.

Von Ezra Pound und Henri Bergson schlägt er den Bogen zu Edmund Husserl und sammelt sich Argumente für einen pluralistischen Kompositionsstil, wie er seine Oper *Die Soldaten* nach dem bürgerlichen Trauerspiel von Jakob Michael Reinhold Lenz prägt. In einer Vorbemerkung zu den *Soldaten* findet sich auch Zimmermanns berühmte Prägung von der »Kugelgestalt der Zeit«: »Das Erregendste für mich war wohl vor allem der Lenzsche Gedanke von der Einheit der inneren Handlung, welcher die *Soldaten* in so unerhörter Weise bestimmt und Lenz veranlasste, sich von der ›jämmerlich berühmten Bulle der drei Einheiten‹ (nämlich des Ortes, der Handlung und der Zeit) loszusagen.« Der Schritt von der Dramaturgie des Sturm und Drang zur Jetztzeit, befand er, sei erstaunlich klein: »Aufhebung der drei Einheiten führt stracks zur Aufhebung von Raum und Zeit, befindet sich im Innern der ›Kugelgestalt der Zeit‹: Zukunft, Gegenwart und Vergangenheit werden vertauschbar.«

23

Musik hat mir mehr als einmal das Leben gerettet. Ich weiß es, indem ich es sage, und ich sage es, um es nicht zu vergessen, weil es sich zwischendurch, in Momenten rätselhafter Unempfindlichkeit, immer wieder falsch, übertrieben oder lächerlich anhört. Ich könnte es, mit ähnlichen Taubheitsphasen, auch von der Literatur behaupten. Doch mehr als jede andere Kunst erlaubt es mir Musik, einen entlegenen Ort aufzusuchen und trotzdem bei mir selbst zu sein. Sie eröffnet einen Gegenraum, der mich keine Sekunde lang zwingt, mein Leben hinter mir zu lassen: Er ist mindestens so viel Hier wie Anderswo. Ich gehe über mein vertrautes Koordinatenfeld hinaus, ich justiere es neu, und indem ich dies tue, erlange ich einen sehnigeren, einen reaktionsschnelleren, einen kompakteren Körper.

Natürlich hat Musik, auch wo sie sich nicht als Programmmusik versteht, ihr illusionistisches Potenzial. Der Klang von Kastagnetten lässt eine spanische Landschaft in der Hitze flirren, das harfengleiche Schwirren einer Kora beschwört Westafrika herauf. Aber die künstlichen Welten von Film und erzählender Literatur haben die Neigung, einen um so stärker auszuschließen, je mehr sie einen in sich hineinlocken. Das Monument Valley von John Fords *The Searchers* ist eine Kulisse. Ich träume mich in sie hinein, und es ist nicht gesagt, dass ich die Seelenlandschaft, die ich in ihr entdecke, an der Grenze von Arizona und Utah tatsächlich wiederfinde. Die fluchbeladene »Schattenlinie« von Joseph Conrads gleichnamigem Roman dagegen bräuchte ich da, wo der Autor sie im Pazifik auf 8 Grad und 20 Minuten nördlicher Breite zieht, gar nicht erst anzusteuern, um mir die existenzielle Prüfung zu vergegenwärtigen, die hier ein junger Kapitän besteht. Jedes noch so realistische, von maritimer Erfahrung getränkte Detail, mit dem

Conrad beschreibt, welcher Mut der Verzweiflung dazu gehört, das Schiff sicher von Thailand nach Singapur zu bringen, während die Mannschaft, von einem verheerenden Tropenfieber geschwächt, vor sich hindämmert, dient schon auf der Ebene der Erzählung nur dazu, den symbolischen Charakter des Ganzen zu stärken.

Die Räume, die ich als Musikhörer aufsuche, sind realer und fiktiver zugleich. Sie lassen sich von dem Material, an das sie geknüpft sind, nicht lösen. Wenn ich erst einmal Gefallen an einem bestimmten Ort gefunden habe, besiedle ich ihn physisch und begehe ihn immer wieder von Neuem. Wo bestehende Werke erklingen, richte ich mich in ihnen Ton für Ton ein, bei frei improvisierter Musik akklimatisiere ich mich in einer Umgebung, die mir durch den individuellen Ton der Instrumentalisten und die Art ihres Austauschs ein Moment von Vertrautheit doch nicht verweigert. In beiden Fällen entstehen dabei keine festen Gehäuse, es sind Provisorien, durch deren Flechtwerk Licht und Dunkel mit ständig leicht changierendem Einfallswinkel dringen. Sie bilden durchlässige Konstruktionen, in denen Innen und Außen sich auflösen.

Dennoch fühle ich mich von Musik meist dichter umhüllt als von Text. Auch wenn ich ihr nur mit einem Ohr lausche, dringt sie dauerhafter in mich ein. Ich werde sie nicht mehr los. Man kann ein Buch aufschlagen und nach Jahren der Distanz mit gutem Gewissen behaupten, es niemals gelesen zu haben. Jede für eine Weile gehörte Musik aber lagert sich ab und kann, wenn es an der Zeit ist, aus den Tiefen der Erinnerung steigen. In diesem Sinn ist Musik, wie Michel Foucault es in einem Radiovortrag genannt hat, für mich eine Heterotopie: ein Außerhalb in nächster Nähe, ein in meinen Stollen eingelagerter Bodensatz, zu dem ich jederzeit hinabsteigen kann.

Foucault hatte, als er diesen Begriff prägte, nicht die Musik im Sinn. Er schrieb die »lokalisierten Utopien« einer kindlichen Erfahrung zu, die sich auf dem Dachboden des Elternhauses, im

Garten oder im Wald ihre inszenatorischen Gegenräume sucht. In einer für ihn typischen Wendung wollte er das spielerische Element aber nicht ins Unreife oder Naive verbannen. »Kinder erfinden nie etwas«, behauptete er. »Vielmehr haben die Erwachsenen die Kinder erfunden und ihnen ihre wunderbaren Geheimnisse ins Ohr geflüstert, und dann wundern diese Erwachsenen sich, wenn die Kinder sie herausposaunen.« Für ihn waren reale Orte wie Friedhöfe, Irrenanstalten oder Bordelle die verborgenen Schauplätze dieser teils düsteren Phantasmen. Er wusste, wie es in einem kurz vor den *Heterotopien* entstandenen Vortrag heißt, dass es dabei um alles andere als bloßes Kopfkino ging: »Mein Körper ist eine gnadenlose Topie«, sagt er darin, »Der Körper ist der Nullpunkt der Welt, der Ort, an dem Wege und Räume sich kreuzen. Der Körper selbst ist nirgendwo.«

Das war reichlich überspitzt formuliert. Denn obwohl damit nicht die stumpfe und dumpfe Körperlichkeit eines jeden Menschen gemeint ist, sondern seine sinnlich-intellektuelle Leiblichkeit, die sich an der Schnittstelle der widersprüchlichsten Einflüsse bildet, so hat doch gerade sie ihre Zeit und ihren Raum. Foucault, der sich vor allem von Literatur und Malerei angezogen fühlte, verstand nach eigenem Eingeständnis nicht viel von Musik. Die Nähe, die ihn mit Pierre Boulez verband, war vor allem der Tatsache geschuldet, dass dieser fast gleich alt und mit denselben ästhetischen Konflikten konfrontiert war. So kam es zu mehreren intensiven Begegnungen, unter denen vor allem diejenige, die 1978 am Pariser IRCAM zusammen mit Gilles Deleuze und Roland Barthes stattfand, aktenkundig geworden ist.

Der einzige Text, der von Foucaults Seite aus ihr Verhältnis beleuchtet, ein Erinnerungsblatt an das Festival d'Automne, spiegelt schon eine latente Grundspannung, die von ihrer gegenseitigen Bewunderung nicht aufgehoben wurde. »Boulez und der Musik in einer Zeit zu begegnen, als man die besondere Bedeutung des Sinns, des Erlebens, des Körperlichen, der ursprünglichen Erfahrung, der subjektiven Inhalte und der sozialen Inhalte lehrte«, schreibt er darin, »das hieß, das 20. Jahrhundert unter einem gar nicht vertrauten Blickwinkel zu betrachten: dem eines langen Kampfes um das ›Formale‹.« Foucault berichtet von der Verachtung, die Boulez allem Klassizistischen und Archaisierenden entgegenbrachte, und er verweist auf die theoretischen Anstrengungen, die sowohl der Dirigent als auch der Komponist unternahm, um das Schlupfloch zu einer ungeschmälerten Gegenwart zu finden.

Es kommt mir wie ein Treppenwitz der Geschichte vor, dass der nietzscheanische Denktitan Foucault hier offenbar ein Befremden gegenüber dem kühlen Reflexionsübermaß von Pierre Boulez äußert, als wäre er der Musikalischere von beiden. Aber ich sehe auch, wie Foucault Boulez darin bestätigt, einen Freiraum zu erobern, der ihn »in die Lage versetzte, etwas anderes zu tun, als er gerade tat«. Was müsste ein Denken leisten, fragt er sich, das »weder bloßes Know-how noch reine Theorie« wäre, soll es doch »die Kraft verleihen, die Regeln in dem Akt, der sie zur Anwendung bringt, zu brechen«. Diese wundervolle Paradoxie muss Foucaults Traum gewesen sein.

24

Die Lust am Erzählen ist eine evolutionäre Errungenschaft. Lange nach der Geburt der Poesie beginnt sie mit der Entdeckung des Bewusstseins und seiner Verfeinerung bis zu dem Punkt, wo es sich selbst unheimlich wird. Indem es, wie bei Arthur Schnitzler, zu ahnen beginnt, dass es nicht der Herr im eigenen Hause ist. Indem es sich, wie bei Hugo von Hofmannsthal, sprachskeptisch nicht mehr in den Griff bekommt. Oder indem es, wie bei Virginia Woolf, sich so genau beobachtet, dass die Regungen, die es festhält, in einem assoziativen Chaos davontreiben. Wie fremd sich dieses Bewusstsein aber auch wird – das Konzept der wesenhaften Innerlichkeit des Menschen bleibt erhalten.

Falls es nun an ein Ende kommen sollte, so hat es doch eine Zeit davor gegeben. Zwar lässt sich der Eintritt des Menschen in die Epoche des Bewusstseins schwer datieren, weil es an einer verbindlichen Definition des Phänomens mangelt. Zumindest was den Menschen betrifft, ist Bewusstsein in erster Linie ein Bewusstsein von sich selbst, das die unbewusste Einheit mit den Dingen aufgibt und der äußeren Welt mithilfe der Sprache und deren Metaphernschatz interpretierend gegenübertritt. Doch gemessen an den Entwicklungsstufen, die es durchlaufen hat, war auch diese Ausleuchtung des Inneren wohl nur eine Episode und die Präferenz dafür eine anthropologische Option. Aus einer reinen Außenwelt hat der Weg in eine Innenwelt geführt, von hier aus führt er von Neuem in eine Außenwelt.

Der amerikanische Psychologe Julian Jaynes stellt in seinem Buch *Der Ursprung des Bewusstseins durch den Zusammenbruch der bikameralen Psyche* die Hypothese auf, es habe vor drei Jahrtausenden eine Art Urknall des Bewusstseins gegeben, bis zu dem das Gehirn des Menschen in zwei Kammern geteilt war.

In vorhomerischen Zeiten, erläutert er am Beispiel der *Ilias*, bildete die linke Gehirnhemisphäre wie heute das analytische Sprachzentrum, während die rechte Hemisphäre die Anweisungen der Götter entgegennahm. Dort offenbarte sich Jahwe Moses im brennenden Dornbusch, dort rief Gott den Isaak an, dort empfingen Achilles und Agamemnon von Zeus ihre Befehle: halluzinierte Stimmen, die es den Menschen von heute unmöglich machen, sich in die antiken Helden einzufühlen. »Die Helden der *Ilias*«, glaubt Jaynes, »hatten überhaupt kein Selbst.«

Auch das Sensorium für Musik, mit der einst mehr oder weniger singend vorgetragenen Dichtung durch metrische Klangmuster eng verbunden, situiert er mit guten Gründen auf der rechten Seite des Gehirns. Wenn er auf die altgriechischen Musen als Namensgeber der Tonkunst verweist, treibt er die Verwandtschaft von Dichtung und Musik sogar auf eine hypothetische Spitze. Musik, glaubt er, sei ursprünglich »als neurales Stimulans zur Erweckung von Götterstimmen als eines bewusstseinslosen Verfahrens der Entscheidungsfindung« erfunden worden. Mit dem Wandel der Dichtung zur gezielt betriebenen menschlichen Kunst kann man auch ihr nachsagen, sie sei Teil eines »Heimwehs nach dem Absoluten«.

Man muss Jaynes, der zuletzt ein Vierteljahrhundert lang wissenschaftlicher Mitarbeiter der Princeton University war, nicht in allen assoziativen Sprüngen folgen, um die Ernsthaftigkeit seines Lebensprojekts zu würdigen. Er war kein Spinner, sondern ein kulturgeschichtlich, philosophisch und psychologisch umfassend bewanderter Denker, der wortgewaltig vortragen und anschaulich schreiben konnte. Die weitgehende Vergessenheit seiner Theorien, die mit Überlegungen zur halluzinatorischen Kraft von Hypnosen und schizophrenen Einflüsterungen eine Brücke ins Praktische schlagen, hat sicher auch damit zu tun, dass die Neurowissenschaften, die ihm heute experimentell zur Seite springen könnten, Mitte der 1970er Jahre das Feld noch nicht dominierten. Sie würden ihn wohl in einigen Punkten bestätigen, aber davor warnen, die Vernetzung der Hirnhemisphären zu unterschätzen. Seine bei weitem spektakulärste Auferstehung hat Julian Jaynes überraschenderweise als Stichwortgeber der Science-Fiction-Serie *Westworld* gefunden. Anthony Hopkins spielt darin, Jaynes' Begriff von der »bikameralen Psyche« im Munde führend, den Miterfinder einer Technologie, die den Bewohnern des titelgebenden Themenparks, einer Population ursprünglich bewusstseinsloser Androiden, über ein Software-Update eine höhere Stufe der Selbstwahrnehmung verschafft.

Individualität als Folge von Selbstbewusstsein zu verstehen, ist dabei wenig originell. Zeitgenössische Erzähltheorien gehen davon aus, dass der Roman die Idee von Individualität buchstäblich erschaffen hat. Nancy Armstrong plädiert in ihrem Buch *How Novels Think* sogar dafür, die Geschichte des Romans und die Geschichte des modernen Subjekts als ein und dieselbe zu lesen. Sobald dieses Subjekt in der Fiktion, etwa bei Jane Austen, einmal formuliert war, glaubt Armstrong, war es »auf einzigartige Weise in der Lage, sich selbst zu reproduzieren, und zwar nicht nur bei Autoren, sondern auch bei Lesern, in anderen Romanen, über die ganze britische Kultur hinweg in Recht, Medizin, Moralphilosophie und politischer Philosophie, Biografie, Geschichtsschreibung und anderen Formen der Darstellung, die das Individuum als grundlegende Einheit verstanden«.

Ein sich selbst in Sprache reflektierendes Subjekt taucht auf, das Entscheidungen trifft. Es kann sich in unterschiedlichen Situationen imaginieren und im Zweifel anders handeln, als es sein durch soziale und religiöse Traditionen reglementiertes Umfeld vorsieht. Es ist ein Subjekt der Möglichkeiten, nicht der Notwendigkeiten. Indem es als Autor seines Lebens auftritt, verfügt es über die Freiheit, zu sich in Distanz zu treten. Milan Kundera betont in seinem Essay *Verratene Vermächtnisse* genau dies: »Die Schaffung eines imaginären Raums, in dem das moralische Urteil aufgehoben ist, war eine Leistung von unendlicher Tragweite: Nur dort können Romanfiguren sich entfalten, das heißt Individuen, die nicht mit Rücksicht auf eine bereits existierende Wahrheit erdacht wurden, als Beispiele für das Gute oder das Böse oder als Verkörperung objektiver aufeinanderstoßender Gesetze, sondern als autonome, auf ihre eigene Moral gegründete Wesen.«

Musik verfügt in diesem Sinn über keine erzählerischen Qualitäten. Sie kennt insbesondere in der romantischen Tradition Motive, Verknüpfungen und Entwicklungen, sie vermag in sich Kämpfe auszutragen, die man wie Schumanns *Kreisleriana* als Ausdruck einer zerrissenen Seele lesen kann. Doch sie stellt Subjektivierung in Form einer Verinnerlichung her, die nicht nach der Position innerhalb einer imaginären Familienaufstellung sucht. Sie prägt sich das Ganze Ton für Ton ein, soweit es sich durch bestimmte melodische und harmonische Wendungen und die damit verknüpften Erwartungen memorieren lässt. Mit wachsender Komplexität verlagert sich diese mnemotechnische Aneignung eher zu einer Vertrautheit mit der jeweiligen Klangumgebung, einem Klima, einer Atmosphäre. Zweifellos kann sich ein geschultes Ohr mit furchtloser Langmut auch in die aggressive Schroffheit der zweiten Klaviersonate von Pierre Boulez einhören und sie auf eine Weise absorbieren, die der eines Pianisten nahekommt, der sich ihre zersplitterte Kontrapunktik über die Analyse der Partitur und das motorische Gedächtnis zu eigen macht.

David Tudor spricht davon, dass er beim Erlernen der Sonate sich von sämtlichen Erwartungen an sein Erinnerungsvermögen lösen musste, das ihn sonst durch Stücke trug. Erst ein Aufsatz von Antonin Artaud aus dem Band *Das Theater und sein Double* habe ihm beigebracht, mit den Diskontinuitäten der Komposition richtig umzugehen. Unter Rückgriff auf die Kabbala gibt Artaud in »Gefühlsathletik« Schauspielern eine Atemlehre an die Hand, die eine »affektive Muskulatur« entstehen lassen soll, die das »Gespenst der Seele« mit seinem Bedürfnis nach Einfühlung und Nachahmung der bestehenden Wirklichkeit aus dem herkömmlichen Gefühlshaushalt verjagt. Es löst sich auf in seine organisch-materiellen Bestandteile.

Die zweite, 1950 uraufgeführte Klaviersonate von Boulez kommt dieser Herangehensweise insofern entgegen, als der gleichermaßen konstruktive wie zerstörerische Geist, der sich in ihren vier Sätzen austobt, das Ausdrucksbedürfnis einer individuellen Komponistenseele weit hinter sich gelassen hat. Doch natürlich bildet sich innerhalb eines akribisch notierten, beliebig oft wiederholbaren Stückes auch im Fragmentierten ein Zusammenhang. Die einzelnen Klippen formieren sich zu einer Landschaft, und diese ergibt zwangsläufig ein inneres Bild. Eine restlos objektive, nur äußeren Regeln und Bewegungsgesetzen folgende Musik kann man produzieren, in dieser Reinheit aber nicht rezipieren. Wozu sollte man sie dann anstreben?

25

Vier Jahre vor Artauds 1935 gehaltenem Plädoyer für einen »athlétisme affectif« hielt Franz Werfel im Wiener Kulturbund einen Vortrag über *Realismus und Innerlichkeit*. Auf dem Umschlag der Buchausgabe von 1932 wird er zu Recht als »flammender Aufruf des großen Dichters« bezeichnet. Tatsächlich dürfte es wenige Texte geben, die mit vergleichbarer Eindringlichkeit ein Epochenende beschwören, in dem der Seele, wie Werfel die schöpferische Innerlichkeit des Menschen unumwunden nennt, »Todesgefahr« droht. Diese geht aus von einem radikalen Realismus und seinen »hundert Unterdisziplinen (historischer Materialismus, Biologismus, Pragmatismus, Positivismus, Ökonomismus)« - kurz allem, was einem Rationalismus dient, der sich sämtliche kosmischen Kräfte untertan machen will.

In späteren Jahren nannte er die gegnerische Gesinnung auch »naturalistischen Nihilismus«. Zu ihrem »Drachentöter« sah er die Gestalt des musischen Menschen berufen. »Das Leben ist ein Bewusstseinsphänomen und die Dinge, sofern sie uns wirklich erlebt werden, sind extraprojizierte Innerlichkeiten. Darum gibt es kein anderes Glück als das erotische, musische und geistige im weitesten Verstande.« Er forderte seine Zuhörer auf, an die Sage von Orpheus zu denken, »dessen Gesang und Spiel nicht nur die Tiere und Bäume, sondern sogar die Steine zum Tanz mitreißt. Die Steine bedeuten das starrste Prinzip der Sachlichkeit. Aber selbst in ihnen steckt etwas Orphisches, das dem Orpheus antwortet.«

Die Musik selbst war für ihn bei alledem ausdrücklich nur eine Provinz. Sie war aber auch das Reich, das er neben der Literatur am besten kannte und in dem er als Komponist sogar dilettierte. Werfels gesamtes Werk, über dem inzwischen eine schwere Patina liegt, ist durchdrungen von musikalischen Metaphern, Themen und Ideen. Ästhetisch blieb dieser Prager Jude und Begierdekatholik ein Mann des 19. Jahrhunderts, der über Gustav Mahlers symphonisches Tragödentum nicht hinauskam. Noch im kalifornischen Exil erinnerte er ihn als den »letzten Großen jener Reihe, die mit Haydn beginnt und in Beethoven gipfelt«. Davon zeugt auch Werfels großer Opernroman, in dem er Giuseppe Verdi als Vertreter eines alten Stils und Richard Wagner als Vertreter eines neuen im Venedig des Jahres 1883 zusammenbringt, ohne dass sie einander wirklich begegnen würden: An dem Tag, an dem Verdi, von einer schweren Schreibblockade geplagt, beschließt, seinen Rivalen aufzusuchen, muss er erfahren, dass Wagner in der Nacht zuvor gestorben ist.

Wo zwischen diesen beiden seine Präferenz lag, verhehlte er nicht: Es war der Gesangsdramenkönig Verdi. »Was die Humanität in der Literatur, ist in der Musik die Vokalität«, heißt es in einem Porträt des Komponisten Alexander von Zemlinsky. »Die deutsche Musik hat sich unerbittlich weg vom Menschen, von der Stimme weg zum Instrument hin entwickelt.« Das Verstörendste aber stand für ihn noch bevor: »Ein Zeitalter der musikalischen Nur-Architektur bricht an.«

In *Verdi* verkörpert es, die musikgeschichtliche Chronologie auf den Kopf stellend, Mathias Fischböck, ein in Anlehnung an Josef Matthias Hauer, den Begründer der Zwölftontechnik gezeichneter Komponist. Skurril, doch nicht unsympathisch, trifft er sich in Venedig mit dem Maestro zu langen kunsttheoretischen Gesprächen. Werfel mochte Hauers Sehnsucht nach einer Rückkehr zum unpersönlichen Urzustand der Musik offenbar den Respekt nicht versagen. Und wenn er beim Schreiben im Ohr hatte, was Verdi noch keinesfalls hören konnte, wusste er überdies, dass Hauers Abstraktionen nicht annähernd so strapaziös waren wie die Hervorbringungen der Zweiten Wiener Schule. Der knappe Glückwunsch, den er 1934 zu Arnold Schönbergs 60. Geburtstag veröffentlichte, würdigte denn auch nur das unerbittliche

»Streben nach dem Absoluten« und die »mutvolle Einsamkeit des Mystikers, jenseits von Zustimmung und Teilnahme«. Er sah sich offenbar weder zu dem einen noch zu dem anderen in der Lage.

Welchen Einfluss bei alldem Alma Mahler-Werfel ausübte, Werfels langjährige Geliebte und nachmalige Frau, lässt sich schwer entscheiden. Bei Alexander von Zemlinsky, mit dem sie eine machtbewusste Liebschaft unterhielt, hatte sie das Komponieren gelernt. Mit Gustav Mahler war sie bis zu dessen Tod in zweiter Ehe verheiratet. Zu *Verdi* hatte sie Werfel angetrieben – und durch den finanziellen Erfolg auch ihre Existenzsorgen verringert. Und mit dem ihm so fremden Schönberg pflegte sie über Jahrzehnte eine in künstlerischen Dingen freundschaftliche Korrespondenz. Das Beziehungsgeflecht reicht in alle Richtungen und lebt von einem Kampf um Innerlichkeit und Sachlichkeit, individuelle Expressivität und überpersönliche Strukturen, dessen Pole nach wie vor das Spannungsfeld ästhetischer Debatten bilden. Werfel agierte darin im Namen von »Gottes Botin«, der Muse, als kulturkritischer Fundamentalist, der um jeden Preis am individuellen Schöpfertum festhalten wollte. So verstand er auch sein Schreiben. Dabei hätte ihn schon die Literatur seiner Zeit lehren können, wie sehr Erzählen Individualität nicht nur zu erschaffen, sondern auch wieder auszulöschen vermag.

Während sich Émile Zola in der zweiten Hälfte des 19. Jahrhunderts in der naturalistischen Abschilderung der Welt übte, entwickelte Stéphane Mallarmé einen Symbolismus, an dessen Ende eine *poésie pure* stand, die nur noch auf sich selber verweist. Paul Valéry, Mallarmés gelehrigster Schüler, schuf zur selben Zeit mit *Monsieur Teste* ein Denkgespenst, das zwischen sprunghaftem Aufmerken und Vergessen sich selbst dauernd durch die Lappen geht. Nathalie Sarraute schließlich erkundete die Regionen einer sous-conversation unterhalb manifester Gespräche in einer Prosa, die sowohl die Zentralperspektive eines Ichs wie den allwissenden Erzähler verweigerte.

Der vielgestaltige Nouveau Roman, der den Einzelnen in objektive Zusammenhänge einrückt und alles Innerliche wenn nicht aufzehrt, so doch zur Sache wie jede andere macht, wirkt heute unendlich fern. Was zeitweise unter dem Namen Chosisme firmierte, frei nach einer Herrschaft der Dinge, die Alain Robbe-Grillet und Claude Simon untersuchten, bevor sie Georges Perec in seiner Erzählung *Les Choses* mit einer Prise ironischer Distanz als buchstäbliche Möblierung von Identität mit den Mitteln des Konsums beschrieb, hatte keine Zukunft. Die kopernikanische Wende des Erzählens, weg vom seelenvollen Helden, der sich von Stufe zu Stufe seiner Entwicklung kämpft, hin zu Suchbewegungen in subjektlosen Strukturen, blieb aus. Sie prallte entweder an der futuristischen Sprödigkeit des Ganzen ab oder an der trotzigen Antiquiertheit des Menschen, der sich durch das psychologische Raffinement realistischer Romane wie Tolstois *Anna Karenina* weiterhin am besten erklärt fühlt.

Dass er mitunter so verzweifelt an seiner auf Innerlichkeit gegründeten Souveränität festhält, obwohl er sie vielleicht als Konstruktion erkannt hat, muss auch daran liegen, dass er sich in seinen Selbsterzählungen gar nicht dauerhaft umstellen kann. Bis zu einem gewissen Grad muss er sich, auch im Scheitern, als autonomes Wesen entwerfen, weil er spürt, andernfalls etwas aufs Spiel zu setzen. Wollte er sich seiner Handlungsmacht als pure Fiktion entledigen, müsste er nicht nur sich als willenlosen Agenten fremder Suggestionen betrachten. Die Praxis heißt dennoch Vergegenständlichung, Protokollierung, Speicherung, Auslagerung und Vorhersage durch Berechnung. Kein Narrativ, eine Matrix bildet den Text, an dem er gemessen wird, sich messen lässt und sein Verhalten ausrichtet. Es sind Datensammlungen, die ihn erzählen. Während er sich noch als geschichtliches Wesen betrachtet, wird er längst als Zustand gelesen.

Sich von außen zu betrachten, hat noch jedem, der blind für sich war, auf die Beine geholfen. Jenseits charakterlicher

Selbsterkenntnis ist es sicher nützlich, seine Tag- und Nachtrhythmen zu kennen. Das Quantifizierende dieses Zugangs mündet indes in bloße Kontrolle. Sie diszipliniert da wohltuend, wo der Geist willig ist und das Fleisch schwach, wo das Ziel der Selbstformung also schon feststeht; sie engt da ein, wo sie die Intuition verkümmern lässt und das Ziel nicht korrigiert werden kann.

Programmiert und losgelassen: Das ist das Schreckbild eines Menschen, der das Innere als Heimat abstreift und sich in ein Exil begibt, das der Transhumanismus als biotechnologische Utopie des Geschlechts feiert. Schaudererregend sind die massive Ungerechtigkeit und der eugenische Rassismus, die sich mit dieser Vision ankündigen. Ihre anthropologische Dämonie behält sie nur, solange es einen tatsächlichen Unterschied zwischen Innen und Außen gibt. Denn auch an der Schnittstelle von Hirnphysiologie und digitaler Bewusstseinserweiterung gibt es letztlich keine Wahl zwischen Introspektion und Verhaltenskontrolle.

»Killing man's interiority« heißt das Schicksal, das der rumänische Soziologe Zevedei Barbu 1963 in seiner Deutung des Nouveau Roman heraufziehen sah: »Der Roman des Chosismus deutet eine Weltauffassung an, in der die Dinge, ob sie nun hergestellt sind oder in der Natur vorkommen, als geheime Verführer auftreten, die das Innenleben des Menschen bedrohen und umbringen.« Aber er schätzte es als frei gewählt ein, ebenso wie den Entschluss, Gott untergehen zu lassen. Er »hört in dem Maß zu existieren auf, in dem es der Mensch ablehnt, sich auf ihn zu beziehen und mit ihm verstrickt zu sein«. Barbu empfand dies als Verarmung: »Indem er sich von seiner Innerlichkeit befreit«, notierte er, »wird der zeitgenössische Mensch mehr und mehr eingehüllt in die Dingheit der Welt.«

Lange bevor Michel Foucault wissen konnte, welche Datenberge heute jeder anhäuft, erklärte er: »Alles ist aufgezeichnet, das Unbewusste des Menschen, seine Sexualität, sein Alltagsleben, seine Träume, seine Wünsche und Antriebe«. Und er prophezeite, dass das Aufgezeichnete – »die sozialen Phänomene, die Meinungen der Leute und ihre Neigungen, ihr Handeln, ihre politischen Einstellungen« – seinerseits zum Gegenstand eines eigenen Diskurses werden würde. Er witterte aber auch, dass diese Aufzeichnungswut eine völlig neue Technik der Selbstvergewisserung war. »Ich glaube«, erklärte er in seinem letzten Gespräch, »dass die Kunst des Schreibens während einer bestimmten Zeit eine Rolle spielte, zwischen dem 15. und 16. Jahrhundert und dann im 19., und dass die Literatur mit ungewöhnlicher Geschwindigkeit dabei ist, ihre Rolle als Form eines Bewusstseins von sich selbst zu verlieren.«

In der Musik kehren Playlists das Innerste jedes Einzelnen nach außen: selbst angelegte, von Dritten kuratierte und algorithmisch generierte Kataloge, die sich in ihrer Definitionsmacht gegenseitig verstärken und aus jeder Vergangenheit eine tragfähige Zukunft herauslesen. Als Geschmacksadern bis ins Kleinste aufschlüsselbarer Milieus ziehen sie sich durch den gesellschaftlichen Körper und bilden die akustischen Versorgungslinien einer Kunst, die wie keine andere auf das Physiologische zielt. Man stellt sich auf die je eigene Dosis an Sedativa und Stimmungsaufhellern ein – und lässt sich einstellen. Jede und jeder unter Kopfhörern eingetaucht in seine unverwechselbare Welt, von der nächsten oft nur in Nuancen unterschieden, Heerscharen friedlich koexistierender Gemüter, die jenseits der überwältigenden Schnittmengen doch auch zu unversöhnlichen Gegnern werden können.

26

Wenn ich, der Konserven überdrüssig, im Anbranden der ersten Müdigkeit noch einmal das Haus verlasse, begebe ich mich meistens an einen der ungezählten Orte, die eine Stadt in der Stadt bilden. Ich begebe mich in die Welthauptstadt der Improvisationsmusik. Gut verborgen hinter unauffälligen Fassaden und schäbigen Eingängen erstreckt sie sich jenseits der einschlägigen Jazzclubs, an die sie hin und wieder grenzt. Über die Jahre habe ich sie mir aus den Flicken zusammengesetzt, die sie in fast alle Viertel zwischen Ost und West, Nord und Süd wuchern ließen.

Wo immer ich sie betrete, finde ich ein Schlupfloch hinaus in jene schöne Unendlichkeit, an der Hunderte von Musikerinnen und Musikern von überallher jeden Abend aufs Neue weben. Ein eigenwillig verschworenes Volk, das in ungezügelter Promiskuität mal in dieser, mal in jener Konstellation zusammenfindet. Die Amerikaner sind da, die sich nach Manhattan auch Williamsburg längst nicht mehr leisten können, die Australier und die Japaner, und sie verkehren in einer internationalen, dem Jazz wie der Neuen Musik entlehnten Sprache mit einer fast unüberschaubaren Zahl von Dialekten und regionalen Färbungen.

Früher suchte ich noch Anschluss an den nächtlichen Herzschlag der Maschine, die verlockende Synchronisation mit den Zuckungen eines vielgliedrigen tanzenden Körpers. Heute verlangt es mich eher nach jenem spontanen Puls, der sich sogar ohne Melodie und Rhythmus einstellen kann. Wie viele klassische, von einem beflissenen Publikum mit festen Ritualen in Besitz genommene Konzertsäle hatte ich in höchster Euphorie und tiefster Niedergeschlagenheit durchquert, bevor ich an unspektakulären Orten ein nicht weniger zuverlässiges, doch immer abenteuerliches Glück erlebte. Ich hatte mit Kammermusikensembles bürgerliche Wohnzimmer geteilt, die zu Salons umgestaltet worden waren, und ich hatte mich in zugigen Fabrikhallen zwischen umgestürzten, schwer verwundeten Klavieren niedergelassen, die auf eine lebensrettende Operation warteten.

Nun frequentierte ich die Hinterzimmer heruntergekommener Bierwirtschaften, die sich von einem jungen Publikum vergeblich Umsätze erhofften, die ihre frühverrentete Klientel nicht mehr lieferte. Die Gäste waren mindestens so knapp bei Kasse wie die Musiker, denen sie im herumgehenden Hut einen Obolus entrichteten. Mit gespitzten Ohren stand ich in den Kulissen untergegangener Industriekulturen, besuchte notdürftig zu Clubs umgestaltete Ladenlokale oder machte in einem rumpeligen Antiquariat zwischen gewaltigen Bücherschluchten Station. Besonders ans Herz wuchsen mir eine Art Wohnzimmerbar mit kahlen Wänden, die auf der Toilette mit einer riesigen Badewanne überraschte, und eine ehemalige Fleischerei, in deren großem Zimmer das Publikum Platz nahm, während das kleinere und deutlich niedrigere den Bands als Guckkastenbühne diente. Orte, die selbst für erfahrene Konzertnomaden immer mit einem Rest Schwellenangst behaftet sind. Denn man kann dort alles erleben: herrlichen Lärm und sinnlosen Krach, kollektive Innigkeit und manische Zersplitterung, verzückte Selbstbefriedigung und akustische Grundlagenforschung, echte Augenblicksfeier und routinierte Pseudospontaneität.

Unter den Musikerinnen und Musikern sind seltsame Vögel mit abgerupften Federn und prächtige Exoten, man begegnet dem angestrengten Bemühen, Instrumente nur ja nicht so zu spielen, wie sie eigentlich gespielt werden sollen, und der befreienden Erfahrung, dass sie sich auf eine Art und Weise manipulieren lassen, die vom Klangreichtum der Elektromänner und Elektrofrauen, die neben ihnen im Kabelsalat von Uraltsynthesizern agieren wie einst die Telefonistinnen vom Amt, keineswegs übertroffen werden muss. Auf zwei lohnende Abende kommt schnell ein verlorener. Man kann sich nur damit trösten, dass Leerlauf zum Wesen einer Musik gehört, die sich ihre Regeln im Moment des Entstehens auferlegt, um zu neuer Konzentration zu finden.

Die Welthauptstadt der Improvisationsmusik bietet auch sonst Ausgefallenes. Kazuhisa Uchihashi zum Beispiel ist wohl der größte lebende Meister des Daxophons. Ich war ihm schon als zornigem Noise-Rock-Gitarristen begegnet, doch nie als zärtlichem Dresseur dieses Instruments, dessen primitive Konstruktionsweise in keinem Verhältnis zu den Herausforderungen seiner technischen Beherrschbarkeit steht. So leicht es Bastler mit einem Faible für selbstgebaute Instrumente herstellen können, so widerspenstig verhält es sich, wenn man es nicht nur für komische Effekte nutzen will.

Das Daxophon setzt sich zusammen aus einer etwas mehr als lineallangen Holzzunge, die unter den Händen des verstorbenen Erfinders Hans Reichel so fremdartige Formen wie das gynäkologische Besteck in David Cronenbergs Horrorfilm *Die Unzertrennlichen* annehmen konnte. Der kürzere Teil dieser Zunge ist auf einem Resonanzkästchen mit Kontaktmikrofon eingespannt. Ein Cellobogen streicht den frei schwingenden, längeren Teil, auf dem ein mit der Linken geführter, bundierter oder unbundierter Holzkeil, der Dax, wie ein Bügeleisen entlangfährt und die Tonhöhe reguliert.

Benannt nach dem Dachs, an dessen Keckern sich Reichel beim Spielen erinnert fühlte, hat es auch bei Uchihashi etwas Animalisches. Es klingt, als würden sich Esel und Pavian anschreien oder Wale mit Fröschen um die Wette singen. Doch er verteidigt das Instrument gegen das rein Imitatorische. Eine Versuchung, der Reichel in späteren Jahren allzu gerne nachgab. So, wie er das Tierstimmenartige zu kehligen, wimmernden, grunzenden und jubilierenden Mehrspurchören aufschichtete, dominierte das Belustigende.

Bei Uchihashi erhält das Daxophon sein eigenständiges Wesen zurück. Zusammen mit Kentauren, Faunen und Meerjungfrauen bewohnt es ein Reich der Chimären, und es bezieht die anrührende Kraft seiner Rufe und Gesänge aus seiner skelettartigen Körperlosigkeit, der elektrisch verstärkt plötzlich Fleisch und Muskeln zuwachsen und einen ganzen Zoo blitzschnell die Gestalt wechselnder Fantasiegeschöpfe ergeben. Und während Uchihashi durch sein Reich der Metamorphosen und Mischwesen streift, hört niemand darauf, dass draußen auf der Straße der Teufel tobt. Vor den Fenstern des Lokals kreisen die Blaulichter und heulen die Sirenen, nachdem zwei junge Männer mit einem Autorennen eine Massenkarambolage ausgelöst haben.

So, wie sich das Daxophon seine Leiblichkeit ertrotzt, lassen Sängerinnen und Sänger, die sich mit ihm einlassen, nichts unversucht, ihr zwischen Stimmlippen und Nasenhöhle angesiedeltes menschliches Organ so weit wie möglich hinter sich zu lassen. Sie krächzen, gurgeln, gackern, spucken und wiehern, als wollten sie ihrerseits einen neuen Körper ergattern. Faszinosum der Stimme, die nichts sagen, nur summen muss, um so unverwechselbar zu sein wie ein Fingerabdruck, noch im Verfall beständiger als das Gesicht, aus dessen Mund sie dringt. Stimme, die sich an jedes Wort und jede Melodie heften kann. Stimme der zentralafrikanischen Aka-Pygmäen, die György Ligeti nicht mehr aus dem Kopf ging. Stimme von Sainkho Namtchylak, der Obertonsängerin vom sibirischen Volk der Tuwiner. Stimme von Nusrat Fateh Ali Khan, dem pakistanischen Qawwali-Meister. Die aussterbenden Stimmen der australischen First Nations People und ihrer Songlines. Stimmen von weither, Fetzen von Stimmen, die als Echo durch die Stadt in der Stadt wehen.

27

Ich frage mich manchmal, was mich bei meinen musikalischen Wanderungen durch die Stadt mehr befriedigt hat: die Zeit, in der ich mich treiben ließ und jeden Hinterhof als unentdeckten Kontinent betrachten konnte, oder die Zeit, in der ich mich schon zielsicher in ihr orientierte. Abgesehen davon, dass mir die Rückkehr in den Stand der Unschuld verwehrt ist, bilde ich mir ein, dass mir meine Gewohnheiten nicht hinderlich waren, sondern meine Auffassungsgabe sogar erhöht haben. Ich kann zwischen Tricks und Ticks, die einen bald ermüden, und echten Einfällen besser unterscheiden. Ich spüre schneller, in welcher Tagesform sich jemand befindet. Ich gehe Enttäuschungen einigermaßen zuverlässig aus dem Weg, und ich folge einzelnen Musikerinnen und Musikern neugieriger als je zuvor durch ihre Wandlungen und Verwandlungen.

Besonders treu bin ich dem Vibraphonisten Christopher Dell geblieben. Es verblüfft mich, wie ungezwungen er einen Abend lang swingenden, glitzernden, groovenden, elegant fließenden Jazz spielen kann und am nächsten einen Mahlstrom zuweilen fast undurchhörbarer Improvisationsmusik erzeugt. Ich kenne überdies niemanden, der das Physische und das Intellektuelle so begierig verbindet - auch außerhalb der Musik. Als Architektur- und Stadttheoretiker führt er ein zweites Leben, das sich immer weniger von seinem ersten Leben trennen lässt.

Die Architektur hat nicht zufällig seit Anfang des 19. Jahrhunderts die meist Friedrich Schlegel zugeschriebene Metapher von der »gefrorenen Musik« auf sich gezogen. Umgekehrt hat der Philosoph Friedrich Theodor Vischer die Rede von der »aufgetauten Baukunst« auf die Musik gemünzt. Traditionell haben diese Bilder ihre Berechtigung. Beide so verschiedenen Disziplinen sind Kinder

der Mathematik. Sie leben vom Messen: angefangen mit dem Unterteilen der schwingenden Saite, wie es Pythagoras betrieb, bis hin zu Tondauer und Rhythmus. Komponisten wie Architekten eint, dass sie in der Regel Pläne anfertigen, die andere umsetzen. Ihre Kunst liegt im Entwurf, die Ausführung bei den Handwerkern. Für grobe Unstimmigkeiten bleiben sie dennoch verantwortlich. Beide errichten auf dem Papier oder in der Computersimulation überdies Räume, die Musik in der Zeit abschreitet.

Die alten Gemeinsamkeiten gelten nur noch bedingt, doch neue haben sich ergeben. An den Megacitys des 21. Jahrhunderts arbeiten sich schlichte stadtplanerische Ordnungsvorstellungen vergeblich ab. Kein Plan, der sich Ungeplantes nicht in Windeseile zu eigen machen kann, hat Bestand. Jede Kausalität im Einzelnen kann von der Komplexität des Ganzen eingeholt werden. Die künstlerischen Avantgarden des 20. Jahrhunderts haben dies vorweggenommen. In der Musik heißen die wirkmächtigen Zauberworte mit John Cage Unbestimmtheit oder mit Pierre Boulez Wucherung. Christopher Dell hat von beiden Komponisten gelernt, nur dass er ihre Konzepte ins Improvisierte überträgt. So wie Stadt selbst für ihn eine offene Partitur ist, die sich jeden Tag von Neuem realisiert, entsteht Form in seinen Ensembles durch ein Minimum an vorgegebenen Elementen. Das ist für ihn auch ein Modell gesellschaftlicher Praxis. In Echtzeit einigt er sich mit seinen Musikern über die Verschaltung von Tonreihen, Akkordgerüsten und Registerempfehlungen: einen Vorrat von Grundelementen, der, wie er es nennt, eine Ermöglichungsarchitektur bildet. Sie lebt von Prozessen, statt sich in Werken zu verfestigen. Jede Kombination von Bausteinen fügt sich ein in eine unendliche Kette von Revisionen.

So ungezügelt diese Musik erscheinen mag, die nicht daran denkt, sich dem blinden Zufall auszuliefern, doch sehr wohl die eigene Kontingenz anerkennt, versöhnt sie die Sphären einer »Freiheit von« und einer »Freiheit zu«. Zwischen den Polen von totaler Verausgabung und totalem Reglement betreibt sie einen kontrollierten Kontrollverlust. Christopher Dell weiß so gut wie der Architekt Daniel Libeskind, dass sich Architektur und Musik nicht beliebig ineinander konvertieren lassen. Er hat aber auch Fantasie genug, um sich vorzustellen, wie Gebäude davon träumen, die Schwerkraft hinter sich zu lassen und in Bewegung zu geraten.

Libeskind war in jungen Jahren ein virtuoser Akkordeonist auf dem Weg zum Berufsmusiker. Auftritte mit angehenden Weltstars wie Itzhak Perlman und Vladimir Ashkenazy verhinderten nicht, dass ihn in New York, wohin er aus dem polnischen Łódź emigriert war, mit seinem Instrument niemand ernst nahm. Im Konzertbetrieb galt er als Exot. Auch deshalb bog er bald vollständig in Richtung Architektur ab – oder dem, was er darunter verstand. Libeskind hat oft bekundet, wie stolz er sei, während seines Studiums kein einziges bewohnbares Gebäude entworfen zu haben. Stattdessen richtete er sein Bemühen darauf, mithilfe von abstrakten Schwarzweiß-Zeichnungen, den *Chamberworks*, ein Formeninventar zu entwickeln, aus dem er sich bis heute bedient. Andere setzen es für ihn in baubare Pläne um.

Wer ihre dynamischen Zacken und Schraffuren, Grafen und Vektoren auch nur einmal sieht, versteht, dass Christopher Dell sie auf Anhieb als grafische Partituren las. An einem Spätsommersonntag steht er vor einem bewegten Daniel Libeskind auf der Bühne einer Architekturgalerie und erweckt drei dieser *Chamberworks*, umnotiert für sein Vibraphon, die Cellistin Elisabeth Coudoux, den Trompeter Pascal Klewer und den Schlagzeuger Christian Lillinger in akkurat abgestoppten Zehnminutenräumen zu klingendem Leben.

Am überzeugendsten habe ich Dell jedoch immer im Trio mit dem Bassisten Jonas Westergaard und dem Schlagzeuger Christian Lillinger erlebt. Sie beherrschen sein Idiom so flüssig, als wäre es eine natürliche Sprache. Mal erweiterte sich das Trio um den Saxofonisten John Tchicai, mal um den Geiger Mat Maneri, oder es ließ sich von Johannes Brechts Live-Sampling antreiben. Die Devise hieß jedes Mal: Komplexitätssteigerung auf Gedeih und Verderb. Je mehr Ebenen sich überlagern, desto freier fühlt sich diese Musik. Transparenz und Einfachheit, die Antwort vieler Komponistinnen und Komponisten auf die Überbietungs- und Überforderungsstrategien Neuer Musik, ist ihm ein Graus.

Besonders eingeprägt hat sich mir ein Museumskonzert mit der Pianistin Tamara Stefanovich. Zwischen den teils winzigen, teils riesenhaften Mobiles des Bildhauers Alexander Calder waren sie, die Boulez-Spezialistin, Dell, Lillinger und Westergaard die Statthalter eines menschlichen Maßes und schufen doch eine Musik, die ihrer Zeitlichkeit zum Trotz als kinetisches Objekt im Raum wahrgenommen werden wollte. Zerebral und brachial, funkelnd im Detail und undurchdringlich im Ganzen, schwoll sie in Windeseile von Blasen bildenden Zellen zu einer Sturzflut an. Rasende Überwindung weit auseinanderliegender Tonräume, Hyperventilation, Dauerklimax. Blitzschnell hin und her gespielte Motive türmten sich zu Clusterbergen auf. Der Steinway klirrte im Diskant, das Vibraphon irrlichterte als Glockenspiel, der Bass rupfte sich den Weg frei, das Schlagzeug versetzte dem Ganzen Peitschenhiebe. Selbst wenn man das Tempo dieser kollektiven Verwirbelung halbiert hätte, wäre es kaum möglich gewesen, dem Klingeln und Klöppeln im herkömmlichen Sinn zu folgen.

28

Manchmal versuche ich mir auszumalen, wie eine Musik klingen müsste, die meine Stadt zu Fall bringt, wie es den Posaunen von Jericho nachgesagt wird. Eigentlich interessiert mich aber viel mehr, wie Musik ein Gemeinwesen zusammenhält. Wenn sie Steine erweichen kann, sage ich mir, sogar den Stein unserer Seele, dann vermag sie auch Steine zu befestigen – im Guten wie im Bösen. Sie verleiht dem individuellen und dem kollektiven Gehäuse Halt, schafft aber auch die Möglichkeit, sich darin einzumauern.

Vielleicht komme ich deshalb nicht von der unsinnigen Vorstellung los, ich würde über die Stabilitätsformel verfügen, sobald ich die Zerstörungsformel kenne. Nicht einmal die Bibel behauptet, dass allein die Widderhörner der Israeliten die Stadtmauern zum Einsturz brachten, als hätte ihnen eine akustische Kraft innegewohnt, die Günter Grass später, sehr viel bescheidener, Oskar Matzerath, dem Glas zersingenden Protagonisten seiner »Blechtrommel« verlieh.

Die Töne der Schofaroth waren höchstens die Schlachtrufe eines Feldzugs, zu dem Jahwe Joshua in einer Art verkehrter Schöpfungsgeschichte überredet hatte, indem er die Israeliten sechs Tage lang unter Mitführung der Bundeslade geduldig den Feind umkreisen ließ, bevor sie ihn am siebten Tag überrennen durften. Damit der Plan aufgehen konnte, musste Gott schon ordentlich nachhelfen. Mit seinen Zauberkräften unterstützte er diesen Heiligen Krieg, den er nicht ohne einen Akt moralischer Korruption auf den Weg bringen konnte: Die Hure Rahab, die auf ihrem Dach zwei Kundschafter der Israeliten versteckt, diese vor den eigenen Soldaten verleugnet und sich im Gegenzug versprechen lässt, dass sie und ihre Familie beim bevorstehenden Angriff verschont werden, ist eine Verräterin von seinen Gnaden.

Ich stelle mir vor, dass meine Stadt heute fast lautlos zerfallen würde, inmitten der ihr vertrauten Geräusche und ganz ohne einen äußeren Feind. Niemand müsste sie sturmreif schießen, sie würde von alleine bis auf die Grundfesten abgetragen. Es würde mit einem unmerklichen, nicht dingfest zu machenden Sirren und Summen über den Dächern beginnen. Selbst wenn aus den Häusern und Mauern an manchen Tagen Sand rieselt oder einem ein Stein vor die Füße rollt, würde man sich damit trösten, dass man nicht gemeint sein kann. Die Marktstände würden weiterhin in der Morgendämmerung aufgeschlagen und in der Abenddämmerung abgebaut. Schlaglöcher würden ausgebessert und leckende Hausdächer gegen den nächsten Sturm befestigt. Selbst an Stellen, die einem Elefanten Durchlass gewähren, würde man sich damit beruhigen, dass dies der Lauf der Dinge sei. Hauptsache, wir schließen nachts die Türen unserer Häuser ab. Hauptsache, unsere Kinder gehen noch zur Schule. Doch mit der Zeit würde man das Summen und Sirren nicht mehr los, man hätte es verinnerlicht als etwas, das nicht der Wind ist, der um die Ecken streicht, und nicht der Strom, der in den Oberleitungen singt.

Der Mythos von Jericho ist mir, wohl noch bevor ich lesen konnte, zum ersten Mal in einem Bilderbuch zusammen mit anderen alttestamentarischen Sagen begegnet. Eingeprägt aber hat er sich mir durch ein Spiritual, das ich als Zehnjähriger in einem Konzert des Golden Gate Quartet hörte. »Joshua Fit the Battle of Jericho«, 1946 auf einer Single für Columbia Records aufgenommen, blieb durch alle Umbesetzungen hindurch dessen größter Erfolg, und er ging auch mir nicht mehr aus dem Kopf, schon weil ich ihn auf Schallplatte mit nach Hause tragen durfte.

Der Auftritt der vier hatte etwas Exotisches, obwohl meine Stadt bis zum Abzug der US-Truppen voller afroamerikanischer GIs war. Die schwarzen Sänger neben einem weißen Rhythmustrio aus Bass, Klavier und Schlagzeug waren meine erste bewusste Berührung mit so etwas wie Jazz. In meiner Fantasie, die eine Jugendausgabe von Harriet Beecher-Stowes Roman *Onkel Toms Hütte* genährt hatte, waren sie direkt aus den Baumwollfeldern des amerikanischen Südens in ihren Anzügen mit Einstecktuch auf die Bühne gesprungen. Ich hatte keine Ahnung, dass Clyde Wright, der Tenor, in Paris, wohin er als Soldat gekommen war, längst eine zweite Heimat gefunden hatte. Er leugnete nicht die offene Diskriminierung, die ihm auch in Europa entgegenschlug. Zusammen mit vielen anderen Afroamerikanern, die an die Seine zogen, wusste er aber zu schätzen, dass es keine institutionalisierte Ausgrenzung gab. Deshalb zögere ich, heute den Stab über die latent rassistische Inszenierung des Abends zu brechen. Wenn das Ganze Segregation auf offener Bühne war, die mir damals nicht als solche auffiel und auffallen konnte, stand das Golden Gate Quartet doch buchstäblich im Vordergrund: Die Weißen saßen in der zweiten Reihe.

Mit fingerschnippend akzentuiertem Offbeat sangen sie abwechselnd die einzelnen Strophen, um jeweils beim Refrain zusammenzufinden: »Joshua fit the battle of Jericho / Jericho Jericho / Joshua fit the battle of Jericho / And the walls came tumbling down«. Ich kann diese Zeile nicht hören, ohne die Mauern von Jericho so spektakulär einstürzen zu sehen, wie sich in Cecil B. DeMilles Monumentalschinken *Die zehn Gebote* das Rote Meer teilt. Denn nicht lange nach meiner kurzlebigen Gospelseligkeit erfasste mich eine Leidenschaft für Sandalenfilme. Ein heruntergekommenes, vor allem mit abgespielten B-Movies um ein schwindendes Publikum buhlendes Kino, in dem zur kalten Jahreszeit tatsächlich noch ein Kohleofen bullerte, erfüllte mir die billigsten Wünsche. In meiner noch kindlichen Fantasie verdichtete sich das Gesehene und Gehörte zu einem regelrechten Jericho-Komplex. So war ich auch bald für meinen ersten Jericho-Irrtum bereit.

Ich glaubte nämlich entdeckt zu haben, dass sich die amerikanische Gegenkultur auf dem Höhepunkt des Vietnamkriegs den biblischen Mythos zu eigen gemacht hatte. Eine von Rolf Dieter Brinkmann und Ralf Rainer Rygulla herausgegebene Anthologie des literarischen Undergrounds namens *Acid* enthielt einen aus der New Yorker *East Village Other* stammenden Aufsatz des Dichters Tuli Kupferberg. Auf Deutsch hieß er: »Wenn die Musik sich ändert, zittern die Mauern der Stadt«. Ich war begeistert. Kupferberg träumte sich eine sexuelle, eine elektronische, eine künstlerische und eine psychedelische Revolution zurecht, die seine Band, die Fugs, anführen wollte. Mein Pech war, dass ich damals das zugehörige Lied noch nicht kannte, ein gemessen an dem ohrenbetäubenden Krach, den ich erwartet hatte, harmloses Stück Endsechziger-Beat. Vor allem war mir der Aufsatz von Allen Ginsberg nicht geläufig, von dem es den Titel übernommen hatte: »When the Mode of the Music Changes, the Walls of the City Shake«. Das war, durch ein winziges, unübersetzt gebliebenes Wort, nun doch etwas anderes: Es bezog sich auf Athen, nicht auf Jericho.

Gemeint waren die altgriechischen Modi oder Skalen, über deren gesellschaftlich verhängnisvolle Kräfte Sokrates und Glaukon in Platons *Staat* debattieren. Das Ionische und Lydische, Oktavgattungen, die nicht mit den mittelalterlichen Kirchentonarten zu verwechseln sind, hatten für ihn einen weichlichen Charakter, der sich für Trinkgelage eignete. Zur Ausbildung kampfbereiter Männlichkeit ließ er nur das Dorische und Phrygische gelten. Bei allem Sinn für Musikpsychologie mutet es reichlich absurd an, zu glauben, man könne Menschen durch bestimmte Tonarten konditionieren. Auch Allen Ginsberg, der in seinem Aufsatz mit keinem Wort auf Platon eingegangen war, ihn in Interviews aber gerne freihändig zitierte, hatte nie Modi im Sinn. Er teilte mit Platon lediglich die Annahme, dass Musik kein folgenloses Spiel sei. In ihr drückte sich für Ginsberg ein durchaus politisches Ethos aus, »wenn das rhythmische Verständnis, wenn das im Körper eingelagerte Englisch, wenn die Musik des Körpers, wenn sein Tanz sich ändert, wenn die Leute anfangen, auf eine andere Art und Weise mit dem Hintern zu wackeln«.

29

Auch der polnische Dichter Zbigniew Herbert übertrieb, als er in »Herrn Cogitos Abenteuer mit der Musik« schrieb, »der göttliche Platon warnte – / Veränderungen im Stil der Musik der Musik / bewirken den gesellschaftlichen Umsturz / die Aufhebung der Gesetze«. Er wusste selbst nicht mehr, welche Rolle er der Musik zutrauen sollte: »Metronom des Weltalls / Exaltiertheit der Luft / himmlische Medizin / Dampfpfiff der Emotion«. In einem grandiosen Dreischritt zeichnet er die Gefühle von Anziehung, Abstoßung und Gleichgültigkeit nach, die er, wahrgenommen durch sein poetisches Alter Ego Pan Cogito, erlebte. Das anfangs Selbstverständliche (»er wuchs / gleichsam angetrieben von Lauten / in Akkorden / Dissonanzen / von schwindelerregendem CRESCENDO«) mündet in eine vertrocknende Freude: »die Felder der Schwerkraft / veränderten sich / und mit ihnen die innere Achse / Herrn Cogitos // er konnte nicht / in den Fluss / des früheren Rausches steigen«. Und so beginnt er, Gründe gegen die Musik zu sammeln. Er bemüht die Etrusker, die ihre Sklaven zum Klang von Pfeifen und Flöten auspeitschten; er sucht Beistand bei Leibniz, der keine umstürzlerische Kraft, sondern eine ordnende Autorität in der Musik sieht: »die heimliche / arithmetische / Übung / der Seele«.

Je mehr Zwiespältiges und Belastendes Herbert aufbietet, desto unheimlicher wird ihm »die tyrannische Macht dieser Kunst«, die »moralisch gleichgültig / wie die Seiten eines Dreiecks« sei: »sie betrübt ohne Grund / erfreut ohne Ursache // erfüllt mit Heldenblut / die Hasenherzen der Rekruten // verzeiht zu leicht / läutert umsonst«. Herr Cogito sieht ihren psychotropen Wirkungen zunehmend ungerührt zu. Denn er verfügt über »eine andere Körpersymmetrie / andere Rotation des Gewissens«, die es ihm leicht machten, sich loszusagen: »er schätzte konkrete Gegenstände / die still im Raum stehen«. Da hatte er es mit seiner Bewunderung für die Vollkommenheit des »Kiesels«, die er in seinem bekanntesten Gedicht festhielt, leicht.

Die Stärke von »Herrn Cogitos Abenteuer mit der Musik« besteht darin, dass Individuelles, Kollektives und Typologisches auf nur sechs Seiten fast vollständig abgehandelt werden. Wie viele Lyriker erkannte Herbert, selbst ein begabter Zeichner, dass er eher auf der Seite der bildenden Kunst als derjenigen der Musik zu Hause war. Davon sprechen neben zahlreichen Gedichten auch essayistische Texte, die dem Goldenen Zeitalter der holländischen Malerei und der italienischen Frührenaissance huldigen.

Die Schwäche liegt darin, dass diese Aspekte dann doch nicht genügend auseinandergehalten werden. Es ist eines, mit der moralischen Gleichgültigkeit von Musik zu hadern, die wohl vielmehr eine moralische Duldsamkeit ist. Sie lässt sich zweifellos missbrauchen – wobei das Wort vom Missbrauch unterstellt, dass es einen jeweils richtigen Gebrauch gebe. Das unheimlichste Beispiel dieser Ambivalenz sind Richard Wagners mythenbesessene Opern, deren »deutscher Mischung aus Barbarismus und Raffinement« sich Thomas Mann aus wechselnder Distanz über vier Jahrzehnte zu nähern versuchte. Es ist etwas anderes, die Strapazierfähigkeit der Kontexte als Beliebigkeit des Materials auszulegen. Man muss keine platonischen Maßstäbe anlegen, um schon in dem, was man traditionell die Tongeschlechter nennt, einen Grund zu sehen, warum Musik betrübt und erfreut. Absurd sind nur mechanistische Vorstellungen.

In ihrem Dokumentarfilm *Crazy* fragt Heddy Honigmann holländische UN-Blauhelme nach der Musik, mit der sie sich während ihrer traumatischen Einsätze von Kambodscha über den Libanon bis nach Ruanda betäubt und getröstet haben; Musik, die ihnen das Erlebte vom Leib hält und es zugleich ganz nah heranholt: halb Lethe, halb Mnemosyne. Honigmann bringt »Nessun dorma«

(Niemand schlafe!), die Arie des Prinzen Kalaf aus Puccinis *Turandot* mit Pergolesis *Stabat Mater* und »Knocking on Heaven's Door« in der Version der Guns N'Roses zusammen. Ein junger Soldat, der den Fall von Srebrenica miterlebte, knüpft die Unaussprechlichkeit seines Schreckens an »Sunday, Bloody Sunday« von U2, ein Lied, das ursprünglich an den Blutsonntag im Nordirlandkonflikt 1972 gemahnt. Und ein General, der den Mörserangriff bosnischer Serben auf den Markale-Platz von Sarajevo im Februar 1994 miterlebte, projiziert Seals »Crazy«, den Song, der dem Film seinen Titel gegeben hat, auf das Gemetzel.

Die Lieder, die Heddy Honigmann einsammelt, bewegen sich schon ihrer Texte wegen fernab jeder Beliebigkeit. Sie sind Sehnsuchtsmusik, Trauermusik, Antikriegsmusik. Sie haben wie der Seal zufolge vom Fall der Berliner Mauer und dem Tiananmen-Massaker inspirierte Titelsong zumindest unterschwellig eine politische Drift. Doch so vage sein humanistisches Grundsentiment ist, lässt er sich jederzeit umdrehen. Musik, so scheint es, kann sich in den Dienst aller Seiten begeben, ob sie nun missverständliche, unmissverständliche oder gar keine auf Anhieb erkennbaren Botschaften transportiert.

Dafür stehen Beethovens Symphonien, deren schicksalhaften Heroismus die Nationalsozialisten als höchsten Ausdruck deutscher Seele für sich beanspruchten, bevor die DDR ihr Freiheitspathos als Katalysator sozialistischer Tugenden entdeckte. Die Muster des Heavy Metal lassen sich genauso gut als evangelikaler Christian Metal inszenieren wie als satanistischer Black Metal. Und die von der britischen Menschenrechtsorganisation Reprieve erstellte Hitliste der Songs, mit denen die Insassen von Guantánamo in Überlautstärke gefoltert wurden, enthält beileibe nicht nur Aggressives wie die »Hells Bells« von AC/DC, sondern auch Zynisches wie »Stayin' Alive« von den Bee Gees und durch seine Harmlosigkeit Sardonisches wie Joe Raposos Titelmelodie der *Sesamstraße*. Jedes einzelne dieser Beispiele lässt sich in seiner historischen und kulturellen Besonderheit und vielleicht sogar Widerständigkeit beschreiben, bevor man es zusammen mit allen anderen in den Topf der moralischen Gleichgültigkeit wirft. Das Frappierende ist, dass auch die Erfahrung der schändlichsten Aneignung die Hoffnung nicht auszulöschen vermag, dass Lüge und Unrecht mit den richtigen Tönen ebenso zu durchkreuzen seien wie mit den richtigen Worten und Gedanken. Die Wahrheit der Musik, oder was man als sie erlebt, und der Gebrauch, den man von ihr macht, lassen sich kaum voneinander trennen.

30

Früher oder später musste ich als junger Gitarrist über Wallace Stevens stolpern. Noch bevor mir sein Gedichtzyklus »The Man with the Blue Guitar« in die Hände fiel, hatte mich ein das Konzertexamen anstrebender Freund auf die gleichnamige, von dreien der 32 Cantos inspirierte Sonate von Sir Michael Tippett gestoßen. Im tristen Reich der klassischen Gitarrenliteratur, die bis weit in 20. Jahrhundert bei ihren spanischen Königen Fernando Sor und Francisco Tárrega stehengeblieben zu sein schien, war sie ein Lichtblick. Der von uns bewunderte Julian Bream hatte sie, wie zuvor Benjamin Brittens *Nocturnal* und Hans Werner Henzes *Royal Winter Music* in Auftrag gegeben und uraufgeführt. Technisch blieb sie für mich unerreichbar, doch sie bemühte sich um eine Überwindung gitarristischer Klischees, die selbst improvisierende Dilettanten wie mich ermutigte, das Instrument als Instrument musikalischer Ideen anzusehen, statt sich auf motorisch eingeübte Muster zu verlassen.

Als einige Jahre danach die erste vollständige deutsche Übersetzung des Gedichtzyklus erschien, empfand ich meine Entdeckung zunächst als Offenbarung. Die Enttäuschung folgte auf dem Fuße. Ich begriff auf Anhieb kaum ein Wort. Das Wenige, das ich verstand, machte mir allerdings klar, dass es Wallace Stevens gar nicht um Musik ging. »Der Mann mit der blauen Gitarre«, bestenfalls selbst ein Stück Sprachmusik, war ein Gedicht, das um jeden Preis ein Gedicht bleiben wollte.

Zu Missverständnissen lud schon der Umschlag ein. Stevens hatte sich zwar von dem darauf abgebildeten Gemälde anregen lassen. *Der alte Gitarrenspieler*, Picassos berühmtestes Werk aus der Blauen Periode, war ihm 1934 im Rahmen einer Picasso-Retrospektive im Wadsworth Athenaeum seiner Heimatstadt Hartford,

Connecticut, begegnet. Sichtbar inspiriert von El Greco, war es jedoch eher ein Beitrag zur sozialen Situation des Künstlers als zum Ausdrucksmittel Musik. So verkrümmt, wie der Gitarrist über seinem Instrument hängt, illustriert es nichts als sein wirtschaftliches Elend.

Vielleicht stritt Stevens, auch weil er etwas ganz anderes daraus gemacht hatte, diesen in Canto XV unzweifelhaft dokumentierten Einfluss (»Is this picture of Picasso's, this ›hoard / Of destructions‹, a picture of ourselves«) gerne ab. Gegen die Deutungsmacht, die das Bild entfaltete, konnte er sich nicht wehren. Die trügerische Spur führt bis zur Serie der Radierungen, zu der sich David Hockney 1977 unter dem Titel *The Blue Guitar* hinreißen ließ: »Etchings by David Hockney Who Was Inspired by Wallace Stevens Who Was Inspired by Pablo Picasso«. Ein Blatt davon schmückt sogar die einzige größere deutsche Stevens-Auswahl. Als Bezugspunkt ist es noch fataler, weil es nicht nur die Gitarre wörtlich nimmt, sondern auch die Farbpalette, die sich aus dem Dichterwort Blau ergibt. Im Bewusstseinskosmos des Zyklus ist es eine reine Abstraktion, der jede illustrative Vergegenwärtigung schadet.

Ich legte den »Mann mit der blauen Gitarre« schnell beiseite, hatte mir aber eine Stevens-Verfallenheit eingefangen, die bis heute anhält. Über Jahre schleppte ich eine Taschenbuchausgabe der »Collected Poems« mit mir herum, um darin Gedichte zu entdecken, die sich weitaus sinnlicher mit musikalischen Phänomenen beschäftigen. Sie rühren an eine Verbindung von bewusster Kunstausübung, unwillkürlich wahrgenommenen Klängen und geistigen Resonanzen, die tiefer reicht als vieles, was mir Dichter sonst über Musik mitzuteilen vermochten.

Manchmal ist es nur ein anspielungsreicher Titel wie »Asides on the Oboe«. Ohne nähere Beziehung zu den nachfolgenden Reflexionen über die Fiktionalität jedes menschlichen Glaubenssystems bringt er den durchgeformten Ton eines Oboisten – Synonym für den Künstler schlechthin – in metaphorische Spannung zu den unvermeidlichen Nebengeräuschen. Oder er wendet sich in »To the One of Fictive Music« an die Muse der Poesie. Es finden sich aber auch durchaus thematische Gedichte. In »Mozart, 1935« setzt er die Tätigkeit von Pianist und Poet in eins, und in »Peter Quince at the Clavier« springt er vom Taktilen der Tastatur unvermittelt ins unhörbar Imaginäre: »Just as my fingers on these keys / Make music, so the selfsame sounds / On my spirit make a music, too.«

Am meisten hat es mir noch immer »The Idea of Order at Key West« angetan. Im Verlauf einer verregneten Maiwoche auf Rügen las ich es mit Blick auf die stürmisch graue Ostsee so oft, bis mir einleuchtete, wie hier Menschliches und Nichtmenschliches nebeneinandertreten, indem eine namenlose Sängerin am Meeresrand mit den Wassermassen um die Wette singt, ohne dass sie ihre wechselseitige Fremdheit überwinden könnten: »And when she sang, the sea / Whatever self it had, became the self / That was the song, for she was the maker.« Im Gegenüber zweier wesenhaft verschiedener Körper und Stimmen, in der Konkurrenz von sprachlicher und nichtsprachlicher Bedeutung ist die Szenerie ein Beispiel poetischen Denkens, zu dem ich immer wieder zurückkehre. Ich verdanke es auch solchen Gedichten, dass mir der »Mann mit der blauen Gitarre« längst nicht mehr so rätselhaft erscheint wie bei meinen ersten Lektüren.

Es ist nicht schwer zu sagen, worum es Stevens geht. Die in Zweizeilern abgefassten, aus einem sparsamen Vokabular mit einigen exotischen Ausreißern zusammengesetzten und kaleidoskopisch durchgeschüttelten Cantos sind ein Versuch über das menschliche Erkenntnisvermögen und die Natur der Dinge. Unter Verweis auf die Musik sprechen sie von der spezifischen Übersetzungsleistung, die jede Anschauung der Welt mit sich bringt. Sie postulieren, philosophisch betrachtet, eine Art kantisches »Ding an sich« jenseits der sinnlichen Wahrnehmung.

In immer neuen kleinen Abwandlungen konfrontieren sie die »things as they are« mit der Transposition auf die »blue guitar«.

Was im Englischen durch alle Variationen hindurch einen beschwörerischen Refrain ergibt, reißt Hans Magnus Enzensberger, um den Reim in den unterschiedlichen Kontexten zu retten, in wechselnden, zum Teil grob irreführenden Bedeutungsschattierungen, auseinander. Der stets anklingende ontologische Zusammenhang des »Things as they are / Are changed upon the blue guitar« ist dahin.

Leser des Originals haben es aber auch jenseits dieser Hürde nicht unbedingt leichter. So eindeutig sich das Grundthema erkennen lässt, so hindernisreich ist die Entschlüsselung einzelner Zeilen. An Wallace Stevens, der tagsüber brav seinen Dienst als Versicherungsjurist in der Hartford Accident und Indemnity Company versah, zu deren Vizepräsident er schließlich aufstieg, haben sich schon Heroen des Close Reading wie Harold Bloom, Ronald Sukenick oder Helen Vendler die Zähne ausgebissen.

Man lernt bei ihnen aber, dass es keine Schande ist, in entscheidenden Momenten auf die Briefe des Dichters zurückzugreifen. Darin erläutert er seine Anliegen so ohne Umschweife, dass man sich fragen könnte, warum er sie nicht gleich so formuliert. Doch der Vorwurf des Hermetismus trifft nur bedingt zu. Stevens' äußerlich vielgestaltiges und innerlich von wenigen zentralen Fragen bewegtes Werk umkreist in immer neuen Anläufen und Metaphern eine Erkenntnis, die sich eben nicht in handlicher Prosa fassen lässt. Wo Philosophie sich in der Regel als Wissen präsentiert, versteht sich Poesie als Momentaufnahme in einem Prozess unendlicher Annäherung.

Dabei ist es verlockend, gerade den »Mann mit der blauen Gitarre« als philosophischen Traktat zu lesen, der mit seinen regelmäßig wiederkehrenden Bildern so etwas wie exakt definierte Begriffe in Stellung bringt. Mehr als beim frühen, sprachlich oft übermütigen Stevens ist man versucht, Stellenvergleiche anzustellen und daraus Aussagen zu destillieren. Glücklicherweise haben sich die Klügeren unter den Philosophen nicht dazu hinreißen lassen, den Dichter, der in späteren Jahren durchaus ein

Talent zu ausschweifenden erkenntnistheoretischen Meditationen bewies, einfach in ihre Zunft einzugemeinden.

Insbesondere der Brite Simon Critchley ließ sich von Stevens in seinem Essay *Things Merely Are* lieber dazu einladen, gegen die Verfestigungen des eigenen Denkens anzugehen. Denn Wallace Stevens' Abstraktionen brauchen die Unterstützung von Auge und Ohr. Sie leben vom Licht der Sonne, des Mondes und der Sterne, und sie gehen aus von Orten und Zeiten wie einem »Ordinary Evening in New Haven«, um von dort aus Annahmen über die Wirklichkeit des Wirklichen schlechthin anzustellen. Eine Wirklichkeit, die allerdings keineswegs fest und beständig sein muss, sondern wie eine Staubwolke vorüberziehen kann: »It may be a shade that traverses / a dust, a force that traverses a shade.«

Das klingt nicht so irdisch, wie es Stevens' Rivale William Carlos Williams auf die berühmte Formel des »no ideas but in things« brachte, der lyrischen Variante des »Show don't tell«. Aber es bleibt, wie in dem späten Gedicht »Not Ideas About the Thing But the Thing Itself«, an sinnliche Wirklichkeiten wie den morgendlichen Schrei eines Vogels geknüpft und die Notwendigkeit, sich fern der Vorstellung eines reinen Denkens mit Sprache zwischen ihnen einzurichten.

Dies alles hat mich dem »Mann mit der blauen Gitarre« nur bedingt nähergebracht. Doch ich erkenne heute sehr viel besser die romantische Tradition, in der sich Stevens mit seinem Zyklus bewegt; etwa Shelleys epochalen Essay *Verteidigung der Poesie*, der gleich zu Beginn Vernunft und Imagination im Topos der Äolsharfe zusammenführt: »Der Mensch ist ein Instrument, über das eine Reihe innerer und äußerer Reize geleitet wird, wie die Böen eines ständig wechselnden Windes über eine Äolsharfe, die diese durch ihre Bewegung zu immer neuen Melodien veranlassen.« Was auf Coleridge zurückgeht, hat auch bei Goethe, Jean Paul und Mörike Eingang in die deutsche Literatur gefunden und rührt zugleich an Überzeitliches.

Ich denke an die »condition of music«, die John Ashbery, ein postmoderner Erbe von Wallace Stevens, als erstrebenswertesten Zustand großer Poesie pries. Er bezog sich dabei wiederum auf den Oxforder Ästhetizisten Walter Pater, der im Giorgione-Kapitel seines Buchs über die Renaissance dekretiert hatte: »Alle Kunst strebt ständig nach dem Zustand der Musik.« Und ich ahne, wie schnell ich bei den Urkräften dieser Welt landen würde, die im Namen der unauflöslichen Polarität von Chaos und Kosmos, der poetischen Befreiung des Lautes aus der Anarchie niemand emphatischer beschworen hat als Alexander Blok.

1921 erklärte er in seiner Rede »Über die Bestimmung des Dichters« zum 84. Todestag von Puschkin: »In den bodenlosen Tiefen des Geistes, wo der Mensch aufhört, Mensch zu sein, in Tiefen, die den Geschöpfen der Zivilisation – dem Staat und der Gesellschaft – unzugänglich sind, schweben Klangwellen, die gleich den das ganze Weltall umfangenden Ätherwellen sind, dort kommt es zu rhythmischen Schwankungen, ähnlich jenen Prozessen, die Gebirge, Winde, Meeresströmungen, Pflanzen und Tiere hervorbringen.«

Der Dichter ist für ihn der Sohn einer Harmonie, wie ich sie, ganz ins Musikalische gewendet, erst wieder in der Vibrationslehre des Inders Hazrat Inayat Khan, dem Begründer des Sufi-Ordens, gefunden habe. In bestechend klar formulierten Schriften zu Klang, Rhythmus und Harmonie deutet er jedes dieser Elemente auf eine Weise als Abbild einer höheren Ordnung, die alle mittelalterlichen Musiktraktate mit ihren christlichen Fantasien von Engelsgesängen und himmlischen Chören wie billigen schriftgläubigen Kitsch erscheinen lassen.

31

Auch da, wo Straßenmusiker ihre Fallen aufstellen, gibt es Spezielles, Entlegenes und Raffiniertes, ja es gibt künstlerische Spitzenleistungen, auch wenn naturgemäß das Artistische überwiegt. Russische Akkordeonvirtuosen, die Bachs Orgelwerk in den halligen Gängen der U-Bahnhöfe herunterfetzen. Gitarren-Tapper, die ungläubigen Passanten demonstrieren, was die perkussionistische Behandlung des Griffbretts an polyphonen Möglichkeiten bietet. Armenier, die mit der einschmeichelnden Schärfe einer Duduk gegen jede Gleichgültigkeit anblasen. Iraner, die sanft auf ihrer Santur klöppelnd in die Gehörgänge schweben. Sie alle beziehen ihre Wirkung aus einem Exotenbonus, der die, die an ihnen vorüberziehen, einen Moment einhalten lässt, wenn sie ihnen nicht wie im Sommer vor den Cafés ausgeliefert sind, wo Gypsy Jazz oder lateinamerikanische Schaukelrhythmen im Viertelstundenturnus um eine Spende buhlen.

Viel mehr umtreibt mich das Übermaß des Einerleis, das nicht weniger als Geschäftsgrundlage zu taugen scheint. Wie viel Mut und Entschlossenheit braucht es, mit einem Repertoire aufzutreten, dessen Armseligkeit das Publikum jedes Formatradios vertreiben würde. Wie viel Dickfelligkeit müsste ich aufbringen, um Menschen mit Liedern aus ihren Routinen zu reißen, die sie nicht nur zur Genüge kennen, sondern die oft nur ein trauriges Echo der Originale sind? Die ohrenbetäubende Brassband hat, unabhängig von ihrer Qualität, wenigstens das Zeug zum Spektakel. Die einsamen Sängerinnen und Sänger, die sich nehmen, was aus den Tiefen der Jahrzehnte hochgespült wird und sich mit der Gischt der Tage vermengt, können nur ihren Verstärker lauter drehen. Warum hören ihnen dennoch so viele zu?

Der Vorzug, aus Fleisch und Blut zu sein, ist nicht zu unterschätzen. Je höher die Spiellust, desto größer die Chance, gegen eine Konserve zu bestehen. Das Geheimnis scheint mir eher darin zu bestehen, den Originalen freiwillig zu unterliegen. Man kann Stimmfärbung und Habitus von Whitney Houston, Adele oder Billie Eilish ruhig nacheifern, der kleine Abstand zur Vollkommenheit, in dem sich auch ein gewisser Respekt gegenüber bewunderten Sängerinnen und Sängern offenbart, macht die Wirkung aus. So funktioniert jede musikalische Castingshow, und deshalb sind reine Imitationsshows, die Elvis Presley, Tina Turner oder Michael Jackson huldigen, im Verhältnis freudlose Angelegenheiten.

Auf der Straße liegen die Dinge womöglich noch einfacher. Die Aufmerksamkeit erwacht paradoxerweise da, wo sich das allzu Bekannte seinen Weg durch das von allen Seiten nahende Geräuschchaos bahnt. Die Sekunden, in denen man Kopie und Original miteinander abgleicht, stiften die beruhigende, von einem leisen Gefühl der Belästigung nicht zu trennende Gewissheit, mit den Musikerinnen und Musikern dasselbe Universum zu bewohnen. Das laufende Jahrhundert steckt sein Feld ab, und aus dem vergangenen klingen noch immer »When the Saints Go Marching In« und Domenico Modugnos »Volare« herüber. Oh, oh, oh, oh!

Ein anhaltendes Rätsel sind mir nur S-Bahn-Nomaden, die nicht den Hauch einer Anstrengung unternehmen, irgendeine Art von Resonanz zu erzeugen, die aus etwas anderem als einer widerwillig in den Becher oder den Hut geworfenen Münze besteht. Sie sind keine Bettler, die zitternd eine Mundharmonika an die Lippen führen und einige Mitleid erregende Töne herausquetschen. Sie treten oft sogar äußerlich gepflegt auf, was allerdings nicht auf ihren handwerklichen Ehrgeiz abgefärbt hat. Ungerührt ziehen sie mit denselben Stücken ihre Kreise, an ihr Schmalspurprogramm gekettete Diener einer grauen Kunst, bei deren Eintritt durch die zischenden Waggontüren viele schon die Augen verdrehen, weil sie genau wissen, was kommt.

Mein besonderer Schrecken ist ein Altsaxofonist, der sich nach den geschlagenen zehn Jahren, in denen ich ihn kenne, gleichbleibend anfängerhaft durch die Handvoll Melodien tastet, die er mit wechselnden Kompagnons und einer Playback-Maschine im Schlepptau aufführt, nicht ohne jeweils beim großen Finale nach spätestens 1:30 Minuten noch ein paar pseudoekstatische Schnörkel anzuhängen. Ich kenne nicht die Stadt, aus der er kommt, ich kenne nicht sein Schicksal, das jetzt unter Umständen barmherziger mit ihm umspringt, als das, vor dem er geflohen ist. Doch um die Dauerschleife zu überleben, in die er sich begeben hat, muss er jeden empfindsamen Teil seiner selbst abgespalten haben.

Weder scheint er unter seinen stagnierenden Fähigkeiten zu leiden noch unter seinem erkennbaren Mangel an Ehrgeiz. Vom Immergleichen bis auf die Knochen ausgewaschen, sieht es nicht danach aus, als würde nach Dienstschluss noch etwas Lebendigeres in ihm erwachen, zumal ihn die Lieder, die er ohne Unterlass anstimmt, bis in den Schlaf verfolgen müssen. Lieder, die jeden Unterschied zwischen den Tagen auslöschen, weil sie längst keine Situationen mehr produzieren, aus denen etwas Unvorhergesehenes entstehen könnte: ein Kompliment, eine Frage zum Instrument, ein Lächeln. So, wie sich die Leute vor ihm wegducken, denke ich mir, besitzt er überhaupt kein Zeitgefühl mehr. Stumpf sieht er dem Vergehen der Jahreszeiten und dem Vergehen seiner Lebenszeit zu. Nur er selbst könnte sich begnadigen und einen Schritt aus seinem musikalischen Gefängnis heraustun.

32

Und dann ist da wieder einmal zu vieles, das Einlass in mein kleines, unaufgeräumtes Herz begehrt. Der französische Jazz-Podcast, den ich abonniert habe, um auf dem Laufenden zu bleiben, will gehört werden, bevor die täglich wachsende Halde das Smartphone völlig verstopft. Die Herkunft des seltsam geistesabwesenden, wie aus unendlicher Ferne zugeschalteten Pianisten, der beim Konzert letzte Nacht die restliche Band doch mit überirdischer Souveränität regierte, möchte anhand seiner diskografischen Spuren gelüftet werden. Und der sich vor dem Regal gefährlich auftürmende CD-Stapel wartet darauf, endlich in Ruhe abgetragen zu werden: die guten ins Töpfchen, die schlechten ins Kröpfchen. Vor meinen Augen wachsen die Bestände so verführerisch wie bedrohlich in den Himmel, und jeder Versuch, Ordnung in das Durcheinander zu bringen, hat die fatale Neigung, das Gegenteil dessen zu bewirken, was ich mir von meinen Sortierarbeiten erhoffe.

Dabei steht die Angst, etwas grundlegend Neues zu verpassen, das sich hinter meinem Rücken vollzieht, nicht einmal im Vordergrund. Viel mehr plagt mich die Sorge, dass mir in meiner Betriebsamkeit entgehen könnte, was mich noch einmal aufschließt. Ich suche kein Damaskuserlebnis, das mich von Grund auf verwandelt, um von einem Irrglauben geheilt zu werden, den ich durch einen wahreren Glauben ersetze. Ich suche die Erneuerung jenes Bundes mit der Musik, den ich einst geschlossen habe – die zweite, die dritte, die vierte, die fünfte Initiation. Und weil ich ahne, wie tief und fest, an den meisten Tagen sogar glücklich, ich bei dieser Suche in die Grenzen meiner Kultur eingeschlossen bin, versuche ich mich so beweglich wie möglich zu halten, wenn ich schon keinen Schritt über mich hinausgelange.

Wie viele zusätzliche Muskelpartien und Nervenbahnen habe ich im Lauf meines Lebens schon aktiviert und kann inzwischen von Mozart auf Messiaen umschalten, von Pop auf Techno, von Country-Blues auf finnischen Tango. Es gibt keine musikalische Sprache, deren Grundregeln ich nicht am Bildschirm meines Computers erlernen könnte, keine, in die ich nicht sorgfältiger angeleitet eindringen könnte als in diejenige, in die ich als Kind wie selbstverständlich hineingewachsen bin. Dieses Vermögen war vergangenen Generationen noch fremd, schlicht weil sie weniger Zugriff auf so viele musikalische Welten gleichzeitig hatten. Die polyglotte Leichtigkeit der heutigen Verhältnisse suggeriert aber auch eine täuschende Wahlfreiheit.

Die Verlockung, mir sämtliche Kleider vom Leib zu reißen und einen völlig neuen Körper anzutrainieren, stößt schon innerhalb der eigenen Kultur an Grenzen. Dabei kann einem die individuelle Verdrahtung nicht minder im Wege stehen als das kollektive Bedürfnis, sich durch gemeinschaftliche, oftmals außermusikalische Codes zu definieren. Niemand ist bei den Grateful Dead, den Sex Pistols und Jay-Z gleichermaßen zu Hause, und das nicht nur, weil sich die historisch-politischen Schichten, in denen sich die Kulturen von Hippies, Punks und Rappern eingelagert haben, unter der Gegenwartskruste jederzeit verschieben können.

Jede dieser Musiken erfordert einen anderen Atem, einen anderen Ansatz, der nicht in stilistischen Merkmalen allein aufgeht. Schon das rühmliche Bemühen, Klassik und Jazz wenn nicht miteinander zu versöhnen, so doch friedlich koexistieren zu lassen, weitet zweifellos die Brust eines neugierigen Publikums. Bei ausübenden Musikern führt es auf Dauer zu Beklemmungen. Keith Jarrett und Friedrich Gulda haben den Horizont, aus entgegengesetzten pianistischen Richtungen kommend, immer wieder überquert und sind danach doch in ihre angestammten Umgebungen zurückgekehrt. Die mentalen, auf eine Spaltung des Bewusstseins hinauslaufenden Hindernisse waren größer als die technischen.

Es sind dies keine absoluten Grenzen, und selbst wenn es welche wären, würde man an ihnen rütteln, um ihre Festigkeit zu überprüfen. Es sind eher Wege, die sich unwiderruflich teilen. Wie heißt es in Robert Frosts Gedicht »The Road Not Taken« mit hinreißender Schlichtheit? »Two roads diverged in a yellow wood / And sorry I could not travel both«.

An die sehr viel weiter reichende Gabelung zwischen indischer und europäischer Kunst und Musik begibt sich der Schriftsteller Amit Chaudhuri. In Kolkata geboren, in Mumbai aufgewachsen und mit einem Bein im englischen Norfolk lebend, spürt er ihr in seinem Memoir *Finding the Raga* nach. Wie viele musste er zu seiner Ursprungskultur auf Abstand gehen, um sie schätzen zu lernen. Als Jugendlicher und junger Mann durchlief er sämtliche Stadien vom Möchtegernpopsänger, Rockmusiker und Luftgitarristen zum Singer-Songwriter, bevor er sich als Erwachsener der klassischen nordindischen Gesangskunst des Khayal hingeben konnte. Nach dem Aufstehen stimmt er seither als Erstes eine der beiden Hauptvarianten des Morgen-Ragas Todi an: Seine sechs Töne übersetzen ihm, wie er sagt, auch die so anders strukturierte englische Wirklichkeit.

Die fundamentale Differenz zur europäischen Kunstmusik liegt für ihn jenseits mikrotonaler Skalen in der Funktion von Ragas. Chaudhuri, der als Kind im elterlichen Plattenschrank Beethovens Symphonien in der Einspielung von Herbert von Karajan für sich entdeckte, fand die Schranken seiner Begeisterung im abbildhaft gegenständlichen Erzählgestus der Fünften und der Siebten, einem mimetischen Kern, der sie dem Roman näher rückt als der Poesie. Chaudhuri zitiert einen 1894 verfassten Brief von Rabindranath Tagore, in dem dieser berichtet, wie er eines Morgens auf seinem Hausboot erwachte und das geschäftige Treiben des Tages auf einmal als unecht empfand. »Mir scheint«, schreibt er an seine Nichte, »als würde die Welt des Tages der europäischen Musik entsprechen, so, wie sie (...) als ein großes kräftiges Durcheinander von Harmonie zusammenkommt, während die Welt der Nacht unserer indischen Musik entspricht, einem reinen, zarten, ernsten, unvermischten rāginī. Beide bewegen uns, doch beide sind einander entgegengesetzt.«

Für den selbst komponierenden Tagore war klar: »Wir Inder leben im Königreich der Nacht. Wir werden von dem verzaubert, was zeitlos und ganz ist. Uns gehört das Lied der persönlichen Einsamkeit, Europa dasjenige der sozialen Begleitung. Unsere Musik nimmt den Zuhörer mit in ein Jenseits der menschlichen Wechselfälle in jenes einsame Land der Entsagung, das am Ausgangspunkt des gesamten Universums steht, während Europas Musik mannigfaltig zum endlosen Auf und Ab menschlichen Freuds und Leids tanzt.«

Tagores Gedichtband *Gitanjali*, dessen verlustreiche, zusammen mit dem irischen Dichter William Butler Yeats besorgte Übertragung aus dem Bengali ihm 1913 den Literaturnobelpreis eintrug, hebt die Gegensätze dieser Metaphorik auf, indem er sie auf die Spitze treibt. Die *Sangesopfer*, die auch Deutschland in einen Tagore-Taumel versetzten, preisen ein Gleichgewicht von Tag und Nacht, hinter dem sich eine zugleich unsinnlichere und realere Musik verbirgt: Die ganze Welt ist Klang. »Der heilige / Strom der Musik durchbricht alle Hindernisse / von Stein und stürzet fort.« In der Formulierung der hinduistischen Veden: Nada Chaudhuri.

Der feierliche Ton der *Gitanjali* ist heute kaum mehr zu ertragen, zumal ihrer deutschen Übersetzerin das Kunststück gelingt, in der Anrufung der göttlichen Ordnung Dinge wie einen katholischen Rosenkranz unterzubringen, wo selbst Yeats nur von einer Gebetskette spricht. Aber sie umkreisen eine spirituelle Erkenntnis, die andere Himmel im Sinn hat als die transzendenzbegierigste Symphonie eines Gustav Mahler. Die indische Musik, könnte man sagen, will hinter sich selbst zurück, die europäische muss durch sich selbst hindurch. Einmal handelt es sich vor allem um eine Praxis, die in geduldiger Wiederholung und

Variation des Uralten die Erfahrung reiner Gegenwart sucht, einmal um die Aktualisierung von Werken, die aus dem Historischen das Überhistorische herauspräparieren will. Die indische Musik häuft Wissen an, das sich im Idealfall selbst vergisst, die europäische künstlerische Erzeugnisse, in denen sie sich ihrer selbst und ihrer Entwicklung versichert. Wie schief diese Zuschreibungen von Weisheit einerseits und Kennerschaft andererseits auch sein mögen: Sie verringern die Zumutung der aus allen Richtungen anbrandenden Töne nicht. Wie also damit umgehen?

Die erste Möglichkeit heißt Verweigerung. Man tut einfach so, als gäbe es diesen verwirrenden Reichtum nicht. Entschlossenen Schrittes, ohne den Blick nach rechts und links zu wenden, bewegt man sich durch das Labyrinth der Klänge wie durch die Gassen eines Basars, in dem die Händler aus allen Ecken hervorschießen, einen zum Tee einladen und in Verkaufsgespräche verwickeln wollen. Die zweite Möglichkeit heißt Anpassung. Was mir als objektive Überforderung meiner Aufnahmefähigkeit erscheint, betrachte ich lediglich als Frage des Trainings. Es gibt Richtwerte für die Spanne menschlicher Aufmerksamkeit, aber keine unverrückbaren Grenzen. Die dritte Möglichkeit heißt Kapitulation. Kein menschliches Gehirn ist in der Lage, mit der Beschleunigung der Informationsströme Schritt zu halten. Die vierte Möglichkeit heißt Auslagerung. Es bleibt einem gar nichts anderes übrig, als die Bewertung von Information Dritten zu überlassen – zur Not Maschinen.

Man kann in dieser Überreizung eine systemische »Tragödie der Kultur« sehen, wie sie der Soziologe Georg Simmel drei Jahre vor Beginn des Ersten Weltkriegs in lebensphilosophischen Begriffen heraufziehen sah. Ausgehend von einer tiefen Feindschaft »zwischen dem Lebens- und Schaffensprozess der Seele auf der einen Seite und seinen Inhalten und Erzeugnissen auf der anderen« untersuchte er die Gefahr des modernen Menschen, von seinen eigenen Hervorbringungen erdrückt zu werden. Ebendarin bestand für ihn das Schicksalhafte: »Denn als ein tragisches Verhängnis – im Unterschied gegen ein trauriges oder von außen her zerstörendes – bezeichnen wir doch wohl dies: dass die gegen ein Wesen gerichteten vernichtenden Kräfte aus den tiefsten Schichten eben dieses Wesens selbst entspringen; dass sich mit seiner Zerstörung ein Schicksal vollzieht, das in ihm selbst angelegt und sozusagen die logische Entwicklung eben der Struktur ist, mit der das Wesen seine eigene Positivität aufgebaut hat.« Eine unüberwindliche Mauer von Artefakten baute sich vor seinen Augen auf: »Die materiellen und immateriellen Gebilde, in denen menschliches Wollen und Können, Wissen und Fühlen investiert ist, sind jenes objektiv Dastehende, das wir als Bedeutsamkeit und Bereicherung des Daseins auch dann empfinden, wenn wir von seinem Geschaut-, Genutzt- oder Genossenwerden völlig abstrahieren.«

Simmel konnte nicht wissen, dass objektivierter Geist der Seele des Menschen nicht nur in Gestalt von kulturellen Werken massiv entgegentreten würde. In einer tendenziell vollständig archivierten und sich dadurch im Voraus berechnenden Wirklichkeit umfasst der Prozess der Selbstformung auch technologisch gewonnene Selbsterkenntnis – immer mit dem Risiko, den Teufel mit dem Beelzebub auszutreiben. Bei aller Hellsicht verfügte Simmel zudem nur über eine eurozentrisch eingeschränkte Perspektive. »Während alles Unlebendige schlechthin nur den Augenblick der Gegenwart besitzt«, glaubte er, »streckt sich das Lebendige in einer unvergleichlichen Art über Vergangenheit und Zukunft.« Damit kommt man weder zyklischen Auffassungen von Zeit, Tradition und Dauer bei noch algorithmischen, das Hier und Heute erstickenden Projektionen.

Vor allem aber muss man die Künste als Verbündete gerade gegen diese Projektionen begreifen – die Musik mehr als jede andere. Kulturelle Artefakte verfestigen sich in erster Linie dort zu etwas Undurchdringlichem, wo sie dem bloßen Bildungsdünkel, dem Vorzeigen eines Status oder der Repräsentation dienen.

Sosehr gerade die westliche Musikgeschichte aus einer Anhäufung von Stilen und Werken besteht, so sehr finden sich in fast jedem ihrer Winkel die Mittel, alles Verhärtete in der persönlichen Aneignung zu verflüssigen.

33

Finale. Pauken und Trompeten. Steigerung um der Steigerung willen. Aufbietung sämtlicher Kräfte, Verausgabung über die vorhandenen Reserven hinaus. Vorletzte, letzte, allerletzte Auskostung jenes Augenblicks, der vergehen muss, aber nicht vergehen soll, ohne der Stille zu signalisieren, dass sie nur einen vorübergehenden Sieg davontragen wird. So bäumen sich vor allem Orchesterstücke aus dem klassisch-romantischen Repertoire gerne auf, bevor auch sie unwiderruflich zusammensacken; in ihrem Unwillen zur Kapitulation nur übertroffen von den bis ins Lächerliche getriebenen Exzessen mancher Rockbands, bei denen sich Schlagzeug und Gitarre durch Rückkopplungsschluchten und sturmgepeitschte Beckenwälder zu einem Ende vorkämpfen, das sich mit dem Johlen des Publikums vereint.

Oder das. Eine Bassarie, molto moderato, zart und innig, wie der Komponist ihr aufgetragen hat, fast blechfrei bis auf einige Hörner und eine Tuba, die in den letzten vier Takten ihr tiefstmögliches Es unter die Watte der Streicher legt. Ein Stück Musik, das seinen Frieden mit der eigenen Vergänglichkeit gemacht hat. Und die Einsicht: »Wie schön ist doch die Musik – aber wie schön erst, wenn sie vorbei ist!«

Als ich die Schlussszene von Richard Strauss' Oper *Die schweigsame Frau* zum ersten Mal hörte, wusste ich nicht, wie mir geschah. Was war das? Ein paradox leuchtendes Zen-Koan? Ein Sinnspruch, der zur Grabinschrift taugt? Als ich die Szene zum ersten Mal sah, war ich von der Weisheit dieser Worte schon weniger überzeugt. Denn der Pfeife schmauchende Herr, der sie dem Librettisten Stefan Zweig zufolge »strahlend beglückt« in seinem Lehnstuhl singt, ist eine lächerliche Figur. Was hat Sir Morosus, der Mürrische, der Griesgrämige, der Verdrossene, nicht geschimpft auf den

Lärm, den ihm eine Operntruppe unter Anführung seines Neffen Henry und dessen Geliebter Aminta ins Haus getragen hat: »Eher auf die Galeeren als zu diesem neumodischen Ohrengeschinde, das man Operas nennt! Mögen sie trillern und brüllen, bis ihnen der Kehlkopf platzt.«

Reizbar, wie der alte Kapitän ist, seitdem er »mit der Pulverkammer seiner Galione in die Luft geflogen« und sein Trommelfell »in tausend Winde gegangen« ist, klingt kein Lob der Musik unglaubhafter als aus seinem Munde. Was er danach vorträgt, mutet noch seltsamer an: »Wie wunderbar ist doch eine junge, schweigsame Frau, - aber wie wunderbar erst, wenn sie die Frau eines andern bleibt!«

Morosus hat sich zum Gespött der Truppe machen lassen, die er eben noch vor die Tür expediert hatte. Wie hoffnungsvoll war er auf Brautschau gegangen, um einen eigenen Nachkommen zu zeugen, der an die Stelle des enterbten Henry treten sollte. Und wie musste er sich von dem verkleidet zurückgekehrten Bühnenvolk hinters Licht führen lassen. Es hat ihm eine als Mauerblümchen auftretende Aminta zugeführt, die sich nach einer vorgetäuschten Eheschließung als Furie entpuppt. Henry hat ihm die Grenzen seines Alters eingebläut, und er hat nichts Besseres zu tun, als sich fröhlich resigniert in ihnen einzurichten. »Ah, meine Guten, großartig habt ihr mich kuriert«, singt er. »Ach, ich fühle mich unbeschreiblich wohl. Nur Ruhe! Nur Ruhe! Aaah - - - Aaah - - - Aaah! - - -« Das nennt man Schwarze Pädagogik.

Die Wirren dieser Opera buffa kommen aus einer fernen Zeit. Man findet sie 400 Jahre früher in Ben Jonsons Komödie *Epicoene or The Silent Woman* angelegt, die Stefan Zweig als Vorbild diente. Und man begegnet ihnen, leicht abgewandelt, in Antonio Salieris *Angiolina* und Gaetano Donizettis *Don Pasquale*. Das Besondere der Strauss-Arie liegt in ihrem Vermögen, die Worte des selig übertölpelten Sir Morosus durch den berückenden Charakter von Musik und Gesang zu überdecken. Nur so lässt sich erklären, dass sie, losgelöst von der Oper, auch ein erfolgreiches Leben bei Liederabenden führt. Kein Mensch hört nach dem »Wie schön ist doch die Musik« den Nachsatz. Und das »Wie schön ist doch das Leben« übertönt das »Aber wie schön erst, wenn man kein Narr ist«.

Doch das ist Psychologie: Musik schlägt Wort. Das Vertrackte an diesem Fall ist, dass das Wort zurückschlägt. Es will die Musik zum Schweigen bringen, indem es in ihrer Mitte seine ganze Zweideutigkeit entfaltet. Obwohl die rund vier Minuten, die diese Arie dauert, nur eine Galgenfrist sind, bis die Musik tatsächlich verstummt, bleibt der Grundwiderspruch bestehen: Die höchste aller Künste wagt einen Abgesang auf sich selbst und bedient sich dabei ihrer verführerischsten Mittel. Oder haben die Worte, in denen Sir Morosus seine Sehnsucht nach Ruhe bekundet, vielleicht einen tieferen Sinn? »Wie schön ist doch die Musik - aber wie schön erst, wenn sie vorbei ist!«

Es ist nichts Ungewöhnliches, nach einem bewegten Leben einen Schritt zurückzutreten und mehr oder weniger dankbar Rückschau zu halten. Der Moment des Sichinnewerdens wird besonders in Filmen klischeehaft inszeniert, wenn der Held das rauchende Schlachtfeld verlässt, aus sturmgepeitschter See an Land zurückkehrt oder unter tosendem Applaus von der Bühne abtritt. Dramaturgische Fermate, retardierendes Moment: Der Lärm verhallt, und eine sanfte Musik brandet auf, die ihn als äußerliches Zeichen innerer Einkehr umfängt. So gesehen ist die Strauss-Arie nur das Nachspiel zu einer Oper, die das unvermeidliche Miteinander von Wort und Musik selbst im offenen Widerspruch nicht hinter sich lassen kann.

Die Lektion, die Sir Morosus erteilt wird, hat aber auch etwas Triviales. Denn was lernt er schon? Schönheit gibt es nur, wo es Endlichkeit gibt. Simpler noch: Klang beruht auf Stille und Stille auf Klang. Lass los, alter Mann, lass los. Für dich beginnt die große Pause, bevor jemand anders das Tosen von Neuem in Gang setzt.

Das Gegenstück zu dieser verbreiteten Form von Melancholie ist das Insistieren auf dem Hier und Jetzt. Doch steht es nicht ebenso unter dem Diktat des Zeitpfeils? Auch die spontanste, aus dem Moment heraus geborene Musik lebt von Ausdehnung, von Verläufen und Prozessen: Jeder Ton und jede Phrase erhalten erst durch die vorhergehenden und folgenden Töne und Phrasen ihre Bedeutung. Reine Gegenwart ist eine Illusion, und der Glaube, in ihrer Feier liege der Schlüssel, die Schmerzen der Vergänglichkeit zu überlisten, braucht den nötigen Spielraum: Wem die Zukunft rapide schwindet, der will auch keine Gegenwart.

Das Geheimnis des erfüllten musikalischen Augenblicks besteht höchstens darin, dass er im Fluss des Geschehens auf einer Selbstvergessenheit beruht, die jeden Gegensatz von Reproduktion und Improvisation aufhebt. Auch die wer weiß wie vielte Wiederholung eines Stückes braucht das Ereignishafte. Musik liefert daher vielleicht das sinnlichste Exempel für die Paradoxien des menschlichen Zeitsinns – und überwindet sie am allerwenigsten.

34

Ich stehe auf und setze mich ans Klavier. Seit Tagen habe ich es nicht mehr angerührt, ich weiß selber nicht warum. Doch nun, erschöpft von Wörtern, nichts als Wörtern, lockt es mich, als wäre es die einzige Art und Weise, mich mit mir selbst zu verständigen. Ich klappe den Deckel hoch, und wie ein Kind, das seine Spielkiste auskippt, werfe ich ohne nachzudenken einen beidhändigen Cluster in die Mitte der Tastatur, betrachte in aller Ruhe das Durcheinander und fange an, den Tonhaufen zu entwirren. Ich bin jetzt die Spinne und das Netz, und ohne jede Erwartung, Beute zu machen, höre ich zu, wie etwas entsteht, das mir mit jedem Ton ähnlicher wird, mit dem ich mich von mir entferne.

Quellen

Dieses Buch ist keine wissenschaftliche Arbeit. Aber es zitiert und nutzt eine Vielzahl von Quellen. Die wichtigsten werden in der Folge aufgelistet.

Adorno, Theodor W.: *Musikalische Schriften I–III. Gesammelte Schriften*, Band 16. Hrsg. von Rolf Tiedemann u. a. Suhrkamp, Frankfurt a. M. 2003.

Andrić, Ivo: *Insomnia. Nachtgedanken.* Aus dem Serbischen von Michael Martens. Zsolnay, Wien 2020.

Anonymus: *Orpheus' Lithika. Ein theurgisches Epos über die Wunderkräfte der Steine.* Im Versmaße der Urschrift übersetzt von Karl Seidenadel. Beigabe zum Programm des Progymnasiums zu Bruchsal für das Schuljahr 1875–1876, Bruchsal 1876.

Barbu, Zevedei: »Chosisme. A Socio-Psychological Interpretation.« In: *European Journal of Sociology / Archives Européennes de Sosciologie.* Volume 4, Issue 4 (May 1963).

Block, Alexander: *Stücke, Essays, Reden. Ausgewählte Werke in 3 Bänden*, Band 2. Aus dem Russischen von Friedemann Berger u. a. Aufbau Verlag, Berlin (Ost) 1978.

Bonet, Juan Manuel (Hrsg.): *Vertical Thoughts. Morton Feldman and the Visual Arts.* Irish Museum of Modern Art, Dublin 2010.

Bonnefoy, Yves: *Rue Traversière.* Aus dem Französischen von Friedhelm Kemp. Suhrkamp, Frankfurt a. M. 1980.

Cabral de Melo Neto, João: Ausgewählte Gedichte. Aus dem brasilianischen Portugiesisch von Curt Meyer-Clason. Surhkamp, Frankfurt a. M. 1969.

Carpentier, Alejo: *Die verlorenen Pfade.* Aus dem Spanischen von Anneliese Botond, Suhrkamp, Frankfurt a. M. 1979.

Cortázar, Julio: *Rayuela – Himmel und Hölle.* Aus dem argentinischen Spanisch von Fritz Rudolf Fries. Suhrkamp, Frankfurt a. M. 1981.

Chaudhuri, Amit: *Finding the Raga. An Improvisation on Indian Music.* Faber & Faber, London 2021.

Dillard, Annie: *Einen Stein zum Sprechen bringen.* Aus dem amerikanischen Englisch von Karen Nölle. Matthes & Seitz, Berlin 2022.

Dotzauer, Gregor: »Konzert«. In: *Merkur. Deutsche Zeitschrift für europäisches Denken.* Heft 8, August 2001.

Duras, Marguerite: *India Song.* Aus dem Französischen von Sigrid von Massenbach, Brinkmann und Bose, Berlin 1984.

Elkins, James: *Pictures & Tears. A History of People Who Have Cried in Front of Paintings*, Routledge, New York/London 2004.

Foucault, Michel: *Schriften in vier Bänden. Dits et Ecrits.* Band IV: *1980–1988.* Hrsg. von Daniel Defert u. a. Aus dem Französischen von Hans-Dieter Gondek u. a. Suhrkamp, Frankfurt a. M. 2005.

Herbert, Zbigniew: *Gesammelte Gedichte.* Hrsg, von Ryszard Krynicki. Aus dem Polnischen von Renate Schmidgall u. a. Suhrkamp, Berlin 2016.

Heine, Heinrich: *Säkularausgabe. Werke, Briefwechsel, Lebenszeugnisse.* Band 10: *Pariser Berichte 1840–1848.* de Gruyter, Berlin 2021.

Honing, Henkjan: *Der Affe schlägt den Takt. Musikalität bei Tier und Mensch.* Aus dem Niederländischen von Bärbel Jänicke. Henschel, Leipzig 2019.

Inayat Khan, Hazrat: *Musik – Aus mystischer Sicht.* Aus dem Englischen von Katharina Hess und Christa Muckenheim. Verlag Heilbronn, Heilbronn 2015.

Jahnn, Hans Henny: *Fluss ohne Ufer.* Hoffmann und Campe, Hamburg 2014.

Jankélévitch, Vladimir: *Die Musik und das Unaussprechliche.* Aus dem Französischen von Ulrich Kunzmann. Suhrkamp, Berlin 2016.

Jaynes, Julian: *Der Ursprung des Bewusstseins durch den Zusammenbruch der bikameralen Psyche.* Aus dem amerikanischen Englisch von Kurt Neff. Rowohlt, Reinbek 1988.

Lerner, Ben: *Abschied von Atocha.* Aus dem amerikanischen Englisch von Nikolaus Stingl. Rowohlt, Reinbek 2013.

Liu, Dongdong: *Villen und Gärten in der Tang-Literatur.* Dissertation, Hamburg 2011. Online unter: ediss.sub.uni-hamburg.de/handle/ediss/4039

Mann, Thomas: *Der Zauberberg. Große kommentierte Frankfurter Ausgabe*, Band 5. Herausgegeben von Michael Neumann. S. Fischer, Frankfurt a. M. 2002.

Murnane, Gerald: *Die Ebenen.* Aus dem Englischen von Rainer G. Schmidt. Suhrkamp, Berlin 2017.

Richter, Johann Paul Friedrich (= Jean Paul): *Selberlebensbeschreibung.* In: *Sämtliche Werke*, Abteilung I, Band 6. Herausgegeben von Norbert Miller. Carl Hanser, München 1996.

Richter, Johann Paul Friedrich.: *Aus Jean Paul's Leben.* Herausgegeben und fortgesetzt von Ernst Förster. Sämmtliche Werke. Dritte vermehrte Auflage. Band 34. G. Reimer Verlag, Berlin 1862.

Rothenberg, David: *Warum Vögel singen. Eine musikalische Spurensuche.* Aus dem amerikanischen Englisch von Andreas Held, Spektrum Akademischer Verlag, Heidelberg 2007.

Sagan, Carl: *Murmurs of Earth. The Voyager Interstellar Record.* Ballantine Books, New York 1979.

Saleh Pascha, Khaled: *»Gefrorene Musik«. Das Verhältnis von Architektur und Musik in der ästhetischen Theorie.* Dissertation, Berlin 2004. Online unter depositonce.tu-berlin.de/handle/11303/1333

Stewart, Kilton Riggs: »Dream Theory in Malaya«. In: *Complex* 6, 1951. Online unter breadtagsagas.com/wp-content/uploads/2016/08/Senoi-Kilton-Stewart.pdf.

Stevens, Wallace: *The Collected Poems.* Vintage Books, New York 1990.

Stevens, Wallace.: *Hellwach, am Rande des Schlafs. Gedichte.* Aus dem amerikanischen Englisch von Hans Magnus Enzensberger u. a. Carl Hanser, München 2011.

Strawinsky, Igor: *Musikalische Poetik.* Aus dem Englischen von Heinrich Strobel. Insel, Leipzig 1960.

Szymborska, Wisława: *Hundert Freuden.* Herausgegeben und übertragen von Karl Dedecius. Suhrkamp, Frankfurt a. M. 1986.

Tolstoi, Leo: *Die Kreutzersonate.* Aus dem Russischen von Alexander Eliasberg. Rowohlt, Reinbek 1961.

Schaab-Henke, Dorothee: *Eine kleine Einführung in das Spiel auf der Qin.* Begleitbuch zu einem Guqin-Workshop, Hamburg 1994. Online unter schaab-henke.de

Simmel, Georg: »Der Begriff und die Tragödie der Kultur«. In: *Gesamtausgabe in 24 Bänden*, Band 14. Suhrkamp, Frankfurt a. M. 1996.

Tagore, Rabindranath: *Gitanjali (Sangesopfer).* Nach der von Rabindranath Tagore selbst veranstalteten englischen Ausgabe ins Deutsche übertragen von Marie Luise Gothein. Kurt Wolff Verlag, Leipzig 1914.

Tsua, Charles R.: *Guqin Beginner's Workshop.* House of Mysterious Clouds, Birmingham 2015.

Weid, Jean-Noël von der: *Die Musik des 20. Jahrhunderts. Von Claude Debussy bis Wolfgang Rihm.* Insel Verlag, Frankfurt a. M./Leipzig 2001.

Werfel, Franz: *Realismus und Innerlichkeit.* Paul Zsolnay Verlag, Wien 1932.

Werfel, Franz: *Verdi. Roman der Oper.* S. Fischer, Frankfurt a. M. 1992.

Wolff, Christian: *Prose Collection. Frog Peak Music.* Lebanon, New Hampshire 1971. Online unter frogpeak.org

Zhuangzi. *Das Buch der daoistischen Weisheit.* Aus dem Chinesischen von Viktor Kalinke. Reclam, Stuttgart 2019.

Zimmermann, Bernd Alois: *Intervall und Zeit.* Herausgegeben von Rainer Peters. Wolke Verlag, Hofheim am Taunus 2020.

Erste Auflage Berlin 2022

Gohrener Str. 7, 10437 Berlin
info@matthes-seitz-berlin.de

Umschlaggestaltung: Pauline Altmann, Palingen
Satz und Layout: Tom Mrazauskas, Berlin
Druck und Bindung: GGP Media GmbH, Pößneck

ISBN 978-3-7518-0097-6

www.matthes-seitz-berlin.de